Stille Nacht, heilige Nacht

Stille Nacht, heilige Nacht

Ein musikalisches Lesebuch

benno

Bibliografische Information der
Deutschen Nationalbibliothek
Die Deutsche Nationalbibliothek verzeichnet diese Publikation in der Deutschen Nationalbibliografie; detaillierte bibliografische Daten sind im Internet unter http://dnb.d-nb.de abrufbar.

ISBN 978-3-7462-5093-9

Zusammenstellung: Volker Bauch, Leipzig
Umschlaggestaltung: Ulrike Vetter, Leipzig
Gesamtherstellung: Kontext, Lemsel (A)

Inhalt

Stille Nacht, heilige Nacht!
Alles schläft, einsam wacht
nur das traute hochheilige Paar.
Holder Knabe im lockigen Haar,
schlaf in himmlischer Ruh,
schlaf in himmlischer Ruh.

Die biblische Weihnachtsgeschichte

Es begab sich aber zu der Zeit, dass ein Gebot von dem Kaiser Augustus ausging, dass alle Welt geschätzt würde. Und diese Schätzung war die allererste und geschah zu der Zeit, da Cyrenius Landpfleger in Syrien war. Und jedermann ging, dass er sich schätzen ließe, ein jeglicher in seiner Stadt.

Da machte sich auch auf Joseph aus Galiläa, aus der Stadt Nazaret, in das jüdische Land zur Stadt Davids, die da heißt Betlehem, darum, dass er aus dem Hause und Geschlecht Davids war, auf dass er sich schätzen ließe mit Maria, seinem vertrauten Weibe. Die war schwanger.

Und als sie daselbst waren, kam die Zeit, dass sie gebären sollte.

Und sie gebar ihren ersten Sohn und wickelte ihn in Windeln, und legte ihn in eine Krippe, denn sie hatten sonst keinen Raum in der Herberge.

Und es waren Hirten in derselbigen Gegend auf dem Felde bei den Hürden, die hüteten des Nachts ihre Herde.

Und siehe, des Herrn Engel trat zu ihnen, und die Klarheit des Herrn leuchtete um sie, und sie fürchteten sich sehr.
Und der Engel sprach zu ihnen: Fürchtet euch nicht! Siehe, ich verkündige euch große Freude, die allem Volk widerfahren wird; denn euch ist heute der Heiland geboren, welcher ist Christus, der Herr, in der Stadt Davids. Und das habt zum Zeichen: Ihr werdet finden das Kind in Windeln gewickelt, und in einer Krippe liegend.
Und alsbald war da bei dem Engel die Menge der himmlischen Heerscharen, die lobeten Gott und sprachen:
Ehre sei Gott in der Höhe, und Friede auf Erden, und den Menschen ein Wohlgefallen.
Und da die Engel von ihnen gen Himmel fuhren, sprachen die Hirten untereinander: Lasst uns nun gehen gen Betlehem, und die Geschichte sehen, die da geschehen ist, die uns der Herr kundgetan hat. Und sie kamen eilend, und fanden beide, Mariam und Joseph, dazu das Kind in der Krippe liegend.
Da sie es aber gesehen hatten, breiteten sie das Wort aus, welches zu ihnen von diesem Kinde gesagt war. Und alle, vor die es kam, wunderten

sich der Rede, die ihnen die Hirten gesagt hatten. Maria aber behielt alle diese Worte und bewegte sie in ihrem Herzen.
Und die Hirten kehrten wieder um, priesen und lobten Gott um alles, was sie gehöret und gesehen hatten, wie denn zu ihnen gesagt war.
Und als acht Tage um waren und man das Kind beschneiden musste, gab man ihm den Namen Jesus, wie er genannt war von dem Engel, ehe er im Mutterleib empfangen war.

Lukas 2,1-21 in der Übersetzung von Martin Luther

Predigt am Christfest 1863

„Siehe, ich verkündige euch große Freude, die allem Volk widerfahren wird“, so verkündete dort der Engel in der Christnacht. Und so ist's geschehen. Wohl war's zunächst ein kleines Häuflein einfältiger Seelen, das die frohe Kunde vernahm auf einsamer nächtlicher Heide dort auf den Hügeln um Bethlehem. Aber lasst nur das Kind groß werden, und vom Gebirge Juda schallt es bald an den See Genezareth, und von Bethlehem kommt die Kunde nach Jerusalem: der Herr hat sein Volk heimgesucht, der Messias ist da, wir dürfen keines andern warten. Und abermals über ein Kleines, so schallt's über die Grenzen Judäas hinaus, so tragens die Apostel hinüber ins Reich jenes großmächtigen Kaisers Augustus, ins römische Weltreich, und tragens hinaus in alle Lande: siehe, wir verkündigen euch große Freude, die allem Volk widerfahren wird, auch euch, euch Griechen, euch Römern, euch Deutschen, und wie ihr alle heißet, auch euch ist der Heiland geboren. Ist das nicht eine große Freude? Und heute, nach 1863 Jahren, erschallt in allen fünf Weltteilen das frohe Christtagsevangelium,

wird in hundertundfünfzig Zungen den verschiedensten Völkern des Erdballs gepredigt, den schwarzen in Afrika wie den weißen in Europa, den gelben in Asien wie den braunen in Amerika und Australien: euch ist der Heiland geboren. – Ist das nicht eine große Freude, an der Millionen teilnehmen?

Euch ist heute der Heiland geboren, das ist Mu-

sik für jedes menschliche Ohr, wenn's nur nicht taub ist. An der Krippe des Jesuskindes haben neben den armen Hirten von Bethlehem auch die Weisen aus dem Morgenland anbetend sich eingefunden, zum Beweis: vor Christus gilt kein Unterschied des Standes, dem Höchsten wie dem Geringsten ist Er, und Er allein von Gott gemacht zur Weisheit und zur Gerechtigkeit und zur Heiligung und zur Erlösung.
Und darum auch euch allen, die ihr hier versammelt seid, wie verschieden ihr sein möget nach Lebenslage, Bildungsstufe, Herzensstellung, euch allen ruft heute der Weihnachtsengel zu: siehe, ich verkündige euch große Freude, die allem Volke widerfahren wird, denn auch euch allen ist der Heiland geboren!
Ihr Armen und Geringen: euch ist der Heiland geboren so gut als dort den Hirten von Bethlehem. Das Unedle vor der Welt und das Verachtete hat er von Anfang an am liebsten um sich versammelt, und im Stüblein des Armen kann man am besten verstehen, was es heißt:

Er ist auf Erden kommen arm,
dass er unser sich erbarm

und in dem Himmel mache reich
und seinen lieben Engeln gleich.

Ihr Begüterten und Angesehenen: auch euch ist der Heiland geboren, so gut als dort den Weisen aus Morgenland. So hoch eure Stellung in der Welt sein mag: Vor dem Kindlein in der Krippe ist auch eure Stellung keine andere, als die auf den Knieen zu liegen mit dem Bekenntnis: Herr Jesu, du Sohn Davids, erbarme dich mein! Und so reich ihr sein mögt an Gütern dieser Welt, ihr wisst's wohl: reich in Gott ist nur der, der von Jesu Christo sich zeigen und sich schenken lässt himmlische Schätze, die weder Motten noch Rost fressen, und da die Diebe nicht nachgraben und stehlen.
Ihr Fröhlichen und Vergnügten, hört's: auch euch ist der Heiland geboren! Vergesset nicht in den Zerstreuungen dieser Tage die Hauptsache, um die es sich handelt; vergesset nicht über den kleinen Christtagsfreuden die große Weihnachtsfreude, ohne die alle anderen zusammen nichts wert sind: Gott ist geoffenbart im Fleisch, damit es nicht dem lieben Jesuskind bei euch ergehe, wie jenem armen Kindlein beim Taufschmaus.

Man kam aus der Kirche, man legte das Kind bei Seite, man setzte sich zu Tische, man aß und trank, man lachte und scherzte, man war lustig und guter Dinge bis zum Abend und niemand dachte an das Kind, wegen dessen man eigentlich beisammen war; endlich am Abend brechen die Gäste auf und nun fragt man nach dem Kind und sucht das Kind, und findet's in seiner Wiege erstickt unter den Mänteln und Tüchern und Hüten, welche die unachtsamen Gäste, in der Eile zu Tische zu kommen, auf das Kindlein geworfen hatten. Geht es nicht dem lieben Christuskind wörtlich so in diesen Tagen in vielen Häusern und Herzen? Man ist lustig und vergnügt und denkt an alles, nur nicht an das, um was es in diesen Tagen sich handelt. Und unter den Mänteln und Hüten, unter den Pelzen und Tüchern, unter dem Schmuck und Putz, den man in diesen Tagen sich schenkt und schenken lässt, wird das himmlische Christgeschenk, wird das Jesuskind im Herzen erstickt und erdrückt. Darum vergesset's nicht, ihr Fröhlichen: auch euch ist der Heiland geboren.

Aber hinweg nun zu euch, ihr Traurigen und Betrübten. Euch besonders möchten wir heute zurufen: siehe, ich verkündige euch große Freude, denn euch ist heute der Heiland geboren! Wohl wissen wir, dass durch Leid und Kummer in manchem Haus die Freude dieses Tages getrübt ist und da und dort nur in verweinte Augen die Weihnachtskerzen leuchten. Aber, liebe arme Seelen, ist denn ein Leid so groß auf Erden, für das nicht ein Trost läge in der Botschaft: Euch ist der Heiland geboren? Ja sollte nicht gerade das Leid und der Jammer dieser Welt uns doppelt begierig und doppelt empfänglich machen für das Freudenlicht und für den Himmelstrost, den Jesus Christus in die Welt gebracht hat? So spreche denn keines von euch allen: ich bin heut ausgeschlossen von der Freude; nein, euch allen, und euch Betrübten vor allem, ist der Heiland geboren. Er ist den Kindern geboren, denn auch sie sollen mit einer Ahnung der ewigen Liebe heute singen: Halleluja, denn uns ist heut ein göttlich Kind geboren. Und er ist den Alten geboren, denn sie sollen heut wieder Kinder werden, gläubige, dankbare Kinder, vor dem kindlich großen Geheimnis: Gott ist geoffenbaret im Fleisch. Er ist den gläubigen Christen geboren, denn sie versenken sich heute mit anbetendem Dank wiederum in das unausforschliche Geheimnis: Also hat Gott die Welt geliebt. Und er ist den Ungläubigen, den Unbekehrten, den verlorenen Sündern geboren, denn auch ihnen, auch denen, die nur von Weitem in diesen Tagen einen Weihnachtsbaum sehen, einen Glockenklang hören, und aus Neugierde vielleicht über die Feiertage einmal in eine Kirche hineinsehen, auch ihnen ruft's die ewige Liebe wieder zu: Siehe, ich verkündige euch große Freude, denn auch euch ist heute der Heiland geboren, der Heiland aller Sünder, der gekommen ist, zu suchen und selig zu machen, was verloren ist.

Ei so kommt mit offnen Händen!
Stellt euch ein,
Groß und Klein,
kommt von allen Enden!
Liebt ihn, der von Liebe brennet.
Schaut den Stern,
der euch gern
Licht und Labsal gönnet!

Karl Gerok

Stille Nacht, heilige Nacht!
Alles schläft, einsam wacht
nur das traute hochheilige Paar.
Holder Knabe im lockigen Haar,
schlaf in himmlischer Ruh,
schlaf in himmlischer Ruh.

Der erste Christbaum

Der Heilige Abend war gekommen. Es war dunkel geworden auf der Erde und es begann die Rauchstunde. Das ist nur eine heilige, erhabene Stunde besonders auf dem Lande, wo man die alten ehrwürdigen Gebräuche noch ehrt. Das ist ein Segen, welcher mit Weihrauch und Weihwasser über Haus und Hof, über Mensch und Vieh gesprochen wird, auf das der Segen des Jesuskindleins auf allem ruhen möge.
Schon in meiner frühen Jugend kannte ich die Bedeutung dieser Stunde an den drei hohen Weihnachtsabenden, so wie sie überhaupt die Landbewohner kennen.
Der Heilige Abend und mit ihm die Rauchstunde war gekommen, und während der Vater mit dem kleinsten Brüderchen mit Rauch und Weihwasser im Gehöfe herumging, war ich mit dem Aufputzen eines kleinen herzigen Christbaumes beschäftigt, um damit letzteren zu überraschen.
Kaum war ich mit dem Aufhängen der goldenen Nüsse und anderer verschiedener Kleinigkeiten und mit dem Anzünden der Lichter, besser der

Lichtlein, fertig, als der Kleine in die Stube trat. Schier war er ob des ungewohnten Glanzbildes erschrocken, und erst als ich ihn bei der Hand nahm und ihm sagte, dass das Christkind das sei, und der ganze Christbaum, was drauf sei, ihm gehöre, war er zu bewegen, zum Tisch zu treten.

Sprachlos starrte er das angebliche Wunder an, bis er endlich stammelte, dass es ihm so vorkomme, als ob er im Traum sei.
So groß nun aber die Freude des Kleinen auch war, so war die meinige doch nicht viel minder, und ich selbst staunte mein Werk mit unnennbarem Wohlgefallen an und dachte, dass so ein Christbaum doch ganz was eigenes, was göttliches sei; dass nur dies der Baum sei, welcher von der Erde zum Himmel reiche, dessen Wurzeln zwar die Erde, dessen Krone aber nicht anders sei, als der Himmel selbst wäre.

O du schöne Weihnachtszeit, wie hab ich dich doch so unendlich lieb.

Peter Rosegger

Einsam am Heiligen Abend

Jedesmal wenn Weihnachten kommt, muss ich an Herrn Sörensen denken. Er war der erste Mensch in meinem Leben, der ein einsames Weihnachtsfest feierte, und das habe ich nie vergessen können.

Herr Sörensen war mein Lehrer in der ersten Klasse. Er war gut. Im Winter bröselte er sein ganzes Frühstücksbrot für die hungrigen Spatzen vor dem Fenster zusammen. Und wenn im Sommer die Schwalben ihre Nester unter den Dachvorsprung klebten, zeigte er uns die Vögel, wie sie mit hellen Schreien hin und her flogen. Aber seine Augen blieben immer betrübt.

Im Städtchen sagten sie, Herr Sörensen sei ein wohlhabender Mann. „Nicht wahr, Herr Sörensen hat Geld?", fragte ich einmal meine Mutter. „Ja, man sagt's." – „Ja ... ich hab' ihn einmal weinen sehen, in der Pause, als ich mein Butterbrot holen wollte ..."

„Herr Sörensen ist vielleicht so betrübt, weil er so allein ist", sagte meine Mutter. „Hat er denn keine Geschwister?", fragte ich. „Nein – er ist ganz allein auf der Welt ..."

Als dann Weihnachten da war, sandte mich meine Mutter mit Weihnachtsbäckereien zu Herrn Sörensen. Wie gut ich mich daran erinnere. Unser Stubenmädchen ging mit, und wir trugen ein großes Paket, mit rosa Band gebunden, wie die Mutter stets ihre Weihnachtspäckchen schmückte.

Die Treppe von Herrn Sörensen war schneeweiß gefegt. Ich getraute mich kaum einzutreten, so rein war der weiße Boden. Das Stubenmädchen überbrachte die Grüße meiner Mutter. Ich sah mich um. Ein schmaler hoher Spiegel war da, und rings um ihn, in schmalen Rahmen, lauter schwarzgeschnittene Profile, wie ich sie nie vorher gesehen hatte. Herr Sörensen zog mich ins Zimmer hinein und fragte mich, ob ich mich auf Weihnachten freue. Ich nickte. „Und wo wird Ihr Weihnachtsbaum stehen, Herr Sörensen?" – „Ich? Ich habe keinen, ich bleibe zu Hause."

Und da schlug mir etwas aufs Herz beim Gedanken an Weihnachten in diesem „Zuhause". – In dieser Stube mit den schwarzen kleinen Bildern, den schweigenden Büchern und dem alten Sofa, auf dem nie ein Mensch saß – ich fühlte das Trostlose, das Verlassene in dieser einsamen

Stube, und ich schlug den Arm vor's Gesicht und weinte.
Herr Sörensen zog mich auf seine Knie und drückte sein Gesicht an meines. Er sagte leise: „Du bist ein guter, kleiner Bub." Und ich drückte mich noch fester an ihn und weinte herzzerbrechend.
Als wir heimkamen, erzählte das Stubenmädchen meiner Mutter, ich hätte gebrüllt.
Aber ich schüttelte den Kopf und sagte: „Nein, ich habe nicht gebrüllt. Ich habe geweint. Und weißt du, ich habe deshalb geweint, weil nie jemand zu Herrn Sörensen kommt. Nicht einmal am Heiligen Abend …"
Später, als wir in eine andere Stadt zogen, verschwand Herr Sörensen aus meinem Leben. Ich hörte nie mehr etwas von ihm. Aber an jenem Tag, als ich an seiner Schulter weinte, fühlte ich, ohne es zu verstehen, zum ersten Male, dass es Menschen gibt, die einsam sind. Und dass es besonders schwer ist, allein und einsam zu sein an Weihnachten.

Herman Bang

Ein Traum in der Christnacht

Ich schwebte fest und unbewegt über den Strudeln der rollenden Erde, und die umlaufende Welt führte ihre Länder und Völker unter mir vorbei. Oh, wie viel Jammer und wie viel Wonne flohen vorüber! Bald wälzte die Kugel ein stürmendes, schreiendes Meer und taumelnde Schiffe mit angeketteten nachfliegenden Särgen vorbei – bald ein persisches Tal, glühend von Nelken und Lilien und Narzissen und rauchend von hängenden Blumengärten auf Pfirsichstämmen – Schlachtfelder voll umklammernder Würgengel verfolgten duftende Gärten mit umarmenden weichen Geliebten – bald kamen zwei Arme, die das staunende Entzücken, bald zwei andere, die der Jammer aufhob – und die Kugel zeigte mir auf ihren weichen Blumen den glücklichen Schäfer und unter ihm den liegenden, gleich einer lebendig beerdigten Leiche arbeitenden Bergmann und Minenleger – Regenbogen auf erkälteten Gewittern und auf erhabenen Wasserfällen, niederbrennende Städte unter Donnerwettern und schillernde Augen im Morgentau; die Totenglocke summte in das Freudengeläute, das Morgenrot zerfloss

ins Abendrot, die reißende Kugel rückte das an ihr hängende Menschengeschlecht, alle seine verweinten, erhabenen, zerdrückten, verwesenden Gestalten und alle unsere Tränen und Kränze und Siechbetten und Spiele zusammen, und der Schmerz und die Seligkeit riefen, nebeneinander fliehend: Ich bin ewig! – Da stand in meinem Geiste der Stolz und die Kraft der Unsterblichkeit auf, und er sagte: Eile hinab, schmutzige Kugel, mit deinen geflügelten Schmerzen, mit deinen geflügelten Freuden; du bist viel zu vergänglich für einen Unsterblichen!

Aber als der wegziehende Erdkreis seine Sonne entblößte und die Sonne hinter ihr – und als

mein gereiftes Auge um die anderen Sonnen tausend Erden schwimmen und alle dunklen Klumpen mit der umwälzenden Nachbarschaft der Paradiese und der Gräber, des Jammers und des Jubels eilen sah, so brach meine Brust unter der Verzweiflung, und ich rief aus: „Unendlicher, sind denn deine Endlichen nirgends glücklich? Oh, wann wird denn die ermüdende Seele gesättigt?“ Ein sanftes Tönen antwortete: „Auf keiner Erde – aber nach dem Sterben – bei der unendlichen Liebe, bei der unendlichen Weisheit.“ – Und hier kehrte die Erde von ihrem Jahre zurück und flog oben von der Sonne herab, und das Tönen sang schön und leise nach: „Geh auf deine Erde, du bist noch nicht gestorben.“ Und hier wurde aus allen in der Tiefe fliegenden Welten ein zitterndes Glockenspiel, und meine getröstete Seele stieg der alten, niederfallenden Erde sanft gezogen entgegen – und ein funkelnder Zirkel aus zwei verknüpften Regenbogen war um ihr rundes Ufer gelegt – und sie riss mich erschüttert zu sich, und ich wachte auf …

Um den Turm flogen die heiligen Töne des Christmorgens, und der Morgenwind brachte sie schweigend – unter mir ging der finstere Strom mit seinen alten Wellen und mit ewigen Tönen – die Sternbilder des Himmels standen fest und hell, und die Wolken lagen, vom Nachtwind getürmt und von der tiefen, heraufziehenden Sonne gefärbt, bergig im Osten – und in einigen der nächsten Häuser waren schon die Frucht- und Zuckerbäume angezündet, und die von der Musik zu bald geweckten Kinder hüpften um die brennenden Zweige und um das versilberte Obst …

Jean Paul

Stille Nacht, heilige Nacht!
Die der Welt Heil gebracht,
aus des Himmels goldenen Höh'n
uns der Gnade Fülle lässt seh'n
Jesum in Menschengestalt!
Jesum in Menschengestalt!

Der Weihnachtsabend

Am folgenden Morgen, sehr frühe, da die Kinder noch süß und sanft schliefen, waren schon alle Erwachsenen im Hause mit Aufstellung und Ausschmückung des Weihnachtsbaumes beschäftigt. Ein junger schöner Tannenbaum mit dichten grünen Ästen wurde in der Stubenecke zwischen den Fenstern angebracht. Anton öffnete, nachdem die Kutsche abgepackt war, eine große Schachtel, die fast mit allem, was Kinder freuen kann, gefüllt war. Er hängte die kleinen Geschenke – schönes Obst, allerlei buntes Zuckerwerk, niedliche Körbchen voll verzuckerter Mandeln, Kränze von künstlichen Blumen mit rosenfarbenen oder himmelblauen Bändern geziert, nebst allerlei flimmerndem Spielzeuge an den Baumzweigen auf. Er wusste alles sehr malerisch zu ordnen. Nun nahm er auch ein paar Dutzend kleine blecherne Lampen hervor, die mit Wachs eingegossen waren. Er hängte sie vorsichtig, damit sie den Baum schön beleuchten, aber nicht anbrennen konnten, an den Zweigen auf. Als alles fertig war, gingen Katharine und Luise, die Kinder zu wecken. „Sie dürfen aber nicht früher kommen", sagte Anton, „als bis ich mit dem Anzünden der Lampen fertig bin und bis die Mutter ruft."

Als die Kinder von den Weihnachtsgeschenken hörten, verging ihnen sogleich aller Schlaf. Man konnte sie nicht schnell genug ankleiden. Endlich rief die Mutter: „Jetzt kommt!" Die Kinder sprangen eilig in die Stube – blieben aber von Glanz und Schimmer geblendet plötzlich stehen. Vor Erstaunen und Entzücken über den unerwarteten Anblick konnten sie anfangs nicht reden. Sie staunten den wundersam schimmernden Baum mit starren Augen und offenem Munde unverwandt an. Der grüne Glanz der Zweige, die Lichter, die dazwischen wie Sterne schimmerten, die hochrot strahlenden Äpfel, die goldgelben Birnen, die vielen bunten und funkelnden Sachen kamen ihnen wie Zauberei vor. Sie wussten nicht, ob sie wachten oder träumten. Endlich riefen sie höchst entzückt: „O wie schön, o wie herrlich!" Franz sagte: „Einen solchen Baum, der so schön ist und im Winter so vielerlei Früchte trägt, gibt's in unserm ganzen Walde nicht." – „Ei", sagte Klara, „solche Bäume wachsen nur im Paradiese oder gar nur im Himmel. Nicht wahr, Mutter, das Christkindlein hat uns den Baum geschickt?" – „So, wie er da ist", sprach die Mutter, „nun eben nicht. Indes hat doch Christus, der einst als Kind in der Krippe lag und nun im Himmel ist, euch diese Freude beschert. Denn wäre er uns nicht geboren, so wüssten wir nichts von Weihnachtsfreuden und Weihnachtsgeschenken." – „Nun gut", sagten die Kinder, „wir wollen ihn schon recht lieb haben und ihm recht folgen. Er ist doch gar so gut, und hat die Kinder gar so lieb. Eine solche Freude, wie er uns macht, hatte noch kein Mensch in der Welt."

Christoph von Schmid

Die Christnacht

Es gibt keinen Moment im langen Jahre, wo man sich ihre immerfort mögliche Erscheinung und dann Allgegenwärtigkeit so lebhaft ins Gemüt zu rufen vermöchte, wie diese über die Jahrhunderte hin unabhängige Winternacht, die durch die unvergleichliche Hinzukunft jenes alle Wesen umwandelnden Kindes die Summe aller übrigen Erdennächte an Wert mit einem Schlage überwog und übertraf. Mag der leichte Sommer, wo das Dasein um ein Beträchtliches erträglicher und müheloser scheint, wo wir nicht so unmittelbarer Anfeindung aus der Luft und aus der heiter beschäftigten Natur uns zu erwehren haben –, mag der glücklichere Sommer uns mit Tröstungen verwöhnen –, was sind sie alle gegen die unermesslichen Trostschätze dieser außen unscheinbaren, ja armen Nacht, die nach innen zu plötzlich offensteht wie ein alle umfassendes und wärmendes Herz und die wirklich mit Schlägen ihres glockentönigen Herzens antwortet auf unser Hineinhorchen in den innersten Gewahrsam!

Alle Verkündigungen der Vorzeit reichten nicht

hin, diese Nacht anzusagen, alle Hymnen, die zu ihrem Preis gesungen worden sind, reichten nicht an die Stille und Spannung heran, in der Hirten und Könige niederknieten – so wie ja auch wir, keiner von uns, je imstande gewesen ist, während diese Wundernacht ihm geschieht, die Maße seines Erlebens anzugeben.
Es ist so recht das Mysterium von dem knienden, von dem tiefknienden Menschen: dass er größer sei, seiner geistigen Natur nach, als der Stehende!, welches in der Nacht gefeiert wird. Der Kniende, der sich ganz ans Knien gibt, verliert allerdings das Maß seiner Umgebung,

selbst aufschauend wüsste er nicht mehr zu sagen, was groß und was klein ist. Aber ob er gleich in seiner Abgebogenheit kaum die Höhe eines Kindes hat, so ist er, dieser Kniende, doch nicht klein zu nennen. Mit ihm verschiebt sich die Skala, denn er, indem er der eigentümlichen Schwere und Kraft in seinen Knien folgt, und die Stellung einnimmt, die sich zu ihnen hinbezieht, gehört bereits zu jener Welt, in der Höhe – Tiefe – ist , und wenn schon Höhe unserem Blick und unseren Apparaten unermesslich bleibt: Wer ermäße die Tiefe? Dieses aber ist die Nacht der aufgetanen strahlenden Tiefe.

Rainer Maria Rilke

Ein Glockenschlag

Was zog ich alles in dieser heiligen Christnacht hervor aus dem Versteck, über welchem du deine Bücherhaufen aufgeschichtet hattest! Armer Oheim! Verstaubt, zerfallend Kinderspielzeug der verschiedensten Art – Puppen, kleine hölzerne Töpfchen und Schälchen, ein zerbrochenes Stühlchen und zuletzt einen dürren Weihnachtsbaum, an dessen Zweigen hier und da noch etwas Goldschaum haftete, auf dessen Spitze noch ein zerknitterter Stern von Silberpapier befestigt war. Mit übereinander geschlagenen Armen stand ich inmitten dieser totalen Freuden; der Rabe krächzte, die Lampe hatte allmählich ihr Öl verzehrt und war dem Verlöschen nahe ... ein Glockenschlag erweckte mich aus meinem stundenlangen Brüten – die Weihnachtsglocken von Finkenrode! Die Weihnachtsglocken meiner Kindheitszeit!
Ich fuhr mit der Hand über die Stirn und lauschte; unwiderstehlich zog es mich hinaus in die heilige Nacht.
Ich hatte den Mantel übergeworfen; ich fand mich in der Straße, ohne zu wissen, wie.

Alles still und dunkel! Kein Stern am Himmel – kein Lichtlein auf Erden! Glockenklang, Glockenklang der Heimat!
Ich schritt langsam durch die schweigenden, schneebedeckten Straßen, das Erwachen der Stadt erwartend. –
Dort flammt ein Licht auf, dort wieder eins. Sie bewegen sich in den Häusern hin und her durch die Gemächer. Sieh da! Sieh da, ein Weihnachtsbaum im vollen Glanz! Haustüren öffnen sich hier und da, eine Gestalt, in einen Mantel gehüllt, streicht an mir vorüber. In immer hel-

lerm Glanz leuchtet das Städtlein Finkenrode. Ich folge dem Glockenklang durch die Gassen auf den Marktplatz – vor mir strahlt die Kirche des heiligen Martin mit ihren hohen, spitzen, erleuchteten Fenstern; die beiden Türme verlieren sich vollständig in dem Nebel und der Dunkelheit. Ich lehne mich an einen Pfeiler des weitgeöffneten Portals und lausche. Hallen einmal einen Augenblick die Glocken über mir aus, so klingt leise, leise das Geläut eines fernen Walddorfes herüber. Noch ist die Kirche menschenleer, die Wände des heiligen Gebäudes entlang schimmern die Totenkränze im Glanz der Kronleuchter. Tannengezweig windet sich an den Pfeilern empor. –

Jetzt ist das christliche Volk erwacht und regt sich. Männer und Weiber schreiten durch die Gassen und über den Markt, auf die Kirchentüren zu, die Gesangbücher an die Brust gedrückt. Die Kinder führen ihre bunten Weihnachtspuppen mit sich, junge Mädchen entfalten strahlend den neuen Putz. Zwischen den modernen Hüten und Hauben der Weiber schimmern hier und da die landesüblichen seltsamen Kugelmützen von Gold- und Silberstoff, die Kopfbedeckungen der älteren Bürgersfrauen, hervor. Immer dichter werden die Scharen, die an mir vorüberziehen. Jeder Kirchgänger führt ein Wachslicht mit sich, welches an einer am Eingang der Kirche hängenden kleinen Lampe angezündet wird. Schon flammen Hunderte von Kerzen, schon braust die Orgel, der Gesang der Menge fällt ein – weit über die kleine Stadt hin, bis tief hinein in die stillen Berge, wo der Hirsch und der Fuchs verwundert aufhorchen, erklingt die Feier des Christmorgens.

Wilhelm Raabe

Stille Nacht heilige Nacht!
Wo sich heut alle Macht
väterlicher Liebe ergoss
und als Bruder huldvoll umschloss
Jesus die Völker der Welt!
Jesus die Völker der Welt!

Weihnachten

Unsere Kirche feiert verschiedene Feste, welche zum Herzen dringen. Man kann sich kaum etwas Lieblicheres denken als Pfingsten und kaum etwas Ernsteres und Heiligeres als Ostern. Das Traurige und Schwermütige der Karwoche und darauf das Feierliche des Sonntags begleiten uns durch das Leben. Eines der schönsten Feste feiert die Kirche fast mitten im Winter, wo beinahe die längsten Nächte und kürzesten Tage sind, wo die Sonne am schiefsten gegen unsere Gefilde steht, und Schnee alle Fluren deckt, das Fest der Weihnacht. Wie in vielen Ländern der Tag vor dem Geburtsfeste des Herrn der Christabend heißt, so heißt er bei uns der Heilige Abend, der darauf folgende Tag der heilige Tag und die dazwischen liegende Nacht die Weihnacht. Die katholische Kirche begeht den Christtag als den Tag der Geburt des Heilands mit ihrer allergrößten kirchlichen Feier, in den meisten Gegenden wird schon die Mitternachtsstunde als die Geburtsstunde des Herrn mit prangender Nachtfeier geheiligt, zu der die Glocken durch die stille winterliche Mit-

ternachtsluft laden, zu der die Bewohner mit Lichtern oder auf dunkeln wohlbekannten Pfaden aus schneeigen Bergen an bereiften Wäldern vorbei und durch knarrende Obstgärten zu der Kirche eilen, aus der die feierlichen Töne kommen, und die aus der Mitte des in beeiste Bäume gehüllten Dorfes mit den langen beleuchteten Fenstern emporragt.
Mit dem Kirchenfeste ist auch ein häusliches verbunden. Es hat sich fast in allen christlichen Ländern verbreitet, dass man den Kindern die Ankunft des Christkindleins – auch eines Kindes, des wunderbarsten, das je auf der Welt war – als ein heiteres glänzendes feierliches Geschehen zeigt, das durch das ganze Leben fortwirkt und manchmal noch spät im Alter bei trüben schwermütigen oder rührenden Erinnerungen gleichsam als Rückblick in die einstige Zeit mit den bunten schimmernden Fittichen durch den öden traurigen und ausgeleerten Nachthimmel fliegt. Man pflegt den Kindern die Geschenke zu geben, die das heilige Christkindlein gebracht hat, um ihnen Freude zu machen. Das tut man gewöhnlich am Heiligen Abend, wenn die tiefe Dämmerung eingetreten ist. Man zündet Lichter

und meistens sehr viele an, die oft mit den kleinen Kerzlein auf den schönen grünen Ästen eines Tannen- oder Fichtenbäumchens schweben, das mitten in der Stube steht. Die Kinder dürfen nicht eher kommen, als bis das Zeichen gegeben wird, dass der heilige Christ zugegen gewesen ist und die Geschenke, die er mitgebracht, hinterlassen hat. Dann geht die Tür auf, die Kleinen dürfen hinein, und bei dem herrlichen schimmernden Lichterglanze sehen sie die Dinge auf dem Baume hängen oder auf dem Tische herumgebreitet, die alle Vorstellungen ihrer Einbildungskraft weit übertreffen, die sie sich nicht anzurühren getrauen, und die sie endlich, wenn sie sie bekommen haben, den ganzen Abend in ihren Ärmchen herumtragen und mit sich in das Bett nehmen. Wenn sie dann zuweilen in ihre Träume hinein die Glockentöne der Mitternacht hören, durch welche die Großen in die Kirche zur Andacht gerufen werden, dann mag es ihnen sein, als zögen jetzt die Englein durch den Himmel, oder als kehre der heilige Christ nach Hause, welcher nunmehr bei allen Kindern gewesen ist und jedem von ihnen ein herrliches Geschenk hinterbracht hat.

Wenn dann der folgende Tag, der Christtag, kommt, so ist er ihnen so feierlich, wenn sie frühmorgens mit ihren schönsten Kleidern angetan in der warmen Stube stehen, wenn der Vater und die Mutter sich zum Kirchgang schmücken, wenn zu Mittage ein feierliches Mahl ist, ein besseres als in jedem Tage des ganzen Jahres, und wenn nachmittags oder gegen den Abend hin Freunde und Bekannte kommen, auf den Stühlen und Bänken herumsitzen, miteinander reden und behaglich durch die Fenster in die Wintergegend hinausschauen können, wo entweder die langsamen Flocken niederfallen oder ein trübender Nebel um die Berge steht, oder die blutrote kalte Sonne hinabsinkt. An verschiedenen Stellen der Stube, entweder auf einem Stühlchen oder auf der Bank oder auf dem Fensterbrettchen liegen die zauberischen, nun aber schon bekannteren und vertrauteren Geschenke von gestern Abend herum.

Hierauf vergeht der lange Winter, es kommt der Frühling und der unendlich dauernde Sommer – und wenn die Mutter wieder vom heiligen Christ erzählt, dass nun bald sein Festtag sein wird, und dass er auch diesmal herabkommen werde, ist es den Kindern, als sei seit seinem letzten Erscheinen eine ewige Zeit vergangen, und als liege die damalige Freude in einer weiten nebelgrauen Ferne.

Weil dieses Fest so lange nachhält, weil sein Abglanz so hoch in das Alter hinaufreicht, so stehen wir so gerne dabei, wenn die Kinder dasselbe begehen und sich darüber freuen.

Adalbert Stifter

Stille Nacht, heilige Nacht!
Hirten erst kundgemacht
durch der Engel Halleluja.
Tönt es laut von fern und nah:
Christ, der Retter ist da,
Christ, der Retter ist da!

Worüber das Christkind lächeln musste

Als Josef mit Maria von Nazaret her unterwegs war, um in Betlehem anzugeben, dass er von David abstamme, was die Obrigkeit so gut wie unsereins hätte wissen können, weil es ja längst geschrieben stand – um jene Zeit also kam der Engel Gabriel heimlich noch einmal vom Himmel herab, um im Stalle nach dem Rechten zu sehen. Es war ja sogar für einen Erzengel in seiner Erleuchtung schwer zu begreifen, warum es nun der allererbärmlichste Stall sein musste, in dem der Herr zur Welt kommen sollte, und seine Wiege nichts weiter als eine Futterkrippe. Aber Gabriel wollte wenigstens noch den Winden gebieten, dass sie nicht gar zu grob durch die Ritzen pfiffen, und die Wolken am Himmel sollten nicht gleich wieder in Rührung zerfließen und das Kind mit ihren Tränen überschütten, und was das Licht in der Laterne betraf, so musste man ihm noch einmal einschärfen, nur bescheiden zu leuchten und nicht etwa zu blenden und zu glänzen wie der Weihnachtsstern.

Der Erzengel stöberte auch alles kleine Getier aus dem Stall, die Ameisen und Spinnen und die Mäuse, es war nicht auszudenken, was geschehen konnte, wenn sich die Mutter Maria vielleicht vorzeitig über eine Maus entsetzte! Nur Esel und Ochs durften bleiben, der Esel, weil man ihn später ohnehin für die Flucht nach Ägypten zur Hand haben musste, und der Ochs, weil er so riesengroß und faul war, dass ihn alle Heerscharen des Himmels nicht hätten von der Stelle bringen können.
Zuletzt verteilte Gabriel noch eine Schar Engelchen im Stall herum auf den Dachsparren, es waren solche von der kleinen Art, die fast nur aus Kopf und Flügeln bestehen. Sie soll-

ten ja auch bloß still sitzen und Acht haben und sogleich Bescheid geben, wenn dem Kinde in seiner nackten Armut etwas Böses drohte. Noch ein Blick in die Runde, dann hob der Mächtige seine Schwingen und rauschte davon. Gut so. Aber nicht ganz gut, denn es saß noch ein Floh auf dem Boden der Krippe in der Streu und schlief. Dieses winzige Scheusal war dem Engel Gabriel entgangen, versteht sich, wann hatte auch ein Erzengel je mit Flöhen zu tun!

Als nun das Wunder geschehen war und das Kind lag leibhaftig auf dem Stroh, so voller Liebreiz und so rührend arm, da hielten es die Engel unterm Dach nicht mehr aus vor Entzücken, sie umschwirrten die Krippe wie ein Flug Tauben. Etliche fächelten dem Knaben balsamische Düfte zu und die anderen zupften und zogen das Stroh zurecht, damit ihn ja kein Hälmchen drücken oder zwicken möchte.

Bei diesem Geraschel erwachte aber der Floh in der Streu. Es wurde ihm gleich himmelangst, weil er dachte, es sei jemand hinter ihm her, wie gewöhnlich. Er fuhr in der Krippe herum und versuchte alle seine Künste und schließlich, in der äußersten Not, schlüpfte er dem göttlichen Kinde ins Ohr.

„Vergib mir!“, flüsterte der atemlose Floh, „aber ich kann nicht anders, sie bringen mich um, wenn sie mich erwischen. Ich verschwinde gleich wieder, göttliche Gnaden, lass mich nur sehen, wie!“

Er äugte also umher und hatte auch gleich einen Plan. „Höre zu“, sagte er, „wenn ich alle Kraft zusammennehme und wenn du still hältst, dann könnte ich vielleicht die Glatze des heiligen Josef erreichen, und von dort weg kriege ich das Fensterkreuz und die Tür ...“ „Spring nur!“, sagte das Jesuskind unhörbar, „ich halte still!“ Und da sprang der Floh. Aber es ließ sich nicht vermeiden, dass er das Kind ein wenig kitzelte, als er sich zurechtrückte und die Beine unter den Bauch zog. In diesem Augenblick rüttelte die Mutter Gottes ihren Gemahl aus dem Schlaf. „Ach sieh doch!“, sagte Maria selig, „es lächelt schon!“

Karl Heinrich Waggerl

LR

Die Geschichte vom Licht des Hirtenjungen

Als die Engel den Hirten verkündet hatten, dass im Stall von Betlehem der König der Welt geboren war, da suchte jeder nach einem passenden Geschenk, das er dem Kind in der Krippe mitbringen wollte.
„Ich bringe ein Schäfchen mit!“, meinte der eine. „Ich eine Kanne voll frischer Milch!“, sagte ein anderer. „Und ich eine warme Decke, damit das Kind nicht friert!“, rief ein dritter.
Unter den Hirten war aber auch ein Hirtenjunge. Der war bettelarm und hatte nichts, was er dem Kind schenken konnte. Traurig lief er zum Schafstall und suchte in dem winzigen Eckchen, das ihm gehörte, nach etwas, was er vielleicht doch mitbringen könnte. Aber da war nichts, was auch nur den Anschein eines Geschenkes hatte. In seiner Not zündete der Hirtenjunge eine kleine Kerze an und suchte in jeder Ritze und in jeder Ecke. Doch alles Suchen war umsonst. Da setzte er sich endlich mitten auf den Fußboden und war traurig, dass ihm die Tränen herunterliefen.

So bemerkte er gar nicht, dass ein anderer Hirte in den Stall gekommen war und vor ihm stehen blieb. Er erschrak richtig, als ihn der Hirte ansprach: „Da bringen wir dem König der Welt alle möglichen Geschenke. Ich glaube aber, dass du das allerschönste Geschenk hast!"
Erstaunt blickte ihn der Junge mit verweinten Augen an. „Ich hab doch gar nichts!", sagte er leise.
Da lachte der Hirte und meinte: „Schaut euch diesen Knirps an! Da hält er in seiner Hand eine leuchtende Kerze und meint, er habe gar nichts!"
„Soll ich dem Kind vielleicht die kleine Kerze schenken?", fragte der Hirtenjunge aufgeregt.
„Es gibt nichts Schöneres!", antwortete der Hirte ernst. Da stand der Hirtenjunge auf, legte seine Hand schützend vor die kleine Flamme und machte sich auf den Weg. Als sie mit ihren Geschenken den Stall erreichten, war es dort kalt und dunkel. Als aber der Hirtenjunge mit seiner kleinen Kerze den Stall betrat, da breitete sich ein Leuchten und eine Wärme aus, und alle konnten Maria und Josef und das Kind in der Krippe sehen. So knieten die Hirten vor der Krippe und beteten den Herrn der Welt an, das

kleine Kind mit dem Namen Jesus. Danach übergaben sie ihre Geschenke. Der Hirtenjunge aber stellte seine Kerze ganz nah an die Krippe, und er konnte deutlich das Leuchten in Marias und Josefs Augen sehen. „Das kleine Licht ist das allerschönste Geschenk!“, sagten die Hirten leise. Und alle freuten sich an dem schönen Weihnachtslicht, das sogar den armseligen Stall warm und gemütlich machte.
Der Hirtenjunge aber spürte, wie in ihm selbst eine Wärme aufstieg, die ihn immer glücklicher machte. Und wieder musste er weinen, diesmal weil er sich so glücklich fühlte. Bis zum heutigen Tag zünden die Menschen vor Weihnachten Kerzen an, weil sie alle auf Weihnachten warten und ihnen das kleine Licht immer wieder Freude und Geborgenheit schenkt.

Unbekannt

„Stille Nacht, heilige Nacht!“ – Die ungewöhnliche Geschichte

Das Leben des Dichters Joseph Mohr

Im Pfarrhaus zu Wagrain, das friedvoll inmitten eines geräumigen Obstgartens liegt, in der südseitigen Oberstube starb vor hundert Jahren, am 4. Dezember 1843 der Vikar Joseph Mohr, während eben der Mesner morgens zur Wandlung läutete.

Joseph Mohr hatte elf Jahre in der Gemeinde gewirkt, er war von weit her aus dem Flachlande, aus Oberndorf bei Salzburg gekommen und dennoch seinen neuen Pfarrkindern kein Fremder gewesen. Denn wo immer dieser damals noch jugendliche und lebensfrohe Mann sein gewichtiges Amt angetreten hätte, auch noch im entlegensten Bergdorf, wäre ihm um die Weihnachtszeit das liebliche Lied von der Stillen Nacht zum Empfang gesungen worden, das er selbst vor Jahren in einer begnadeten Stunde erdachte.

Es ist darüber hinaus nicht viel Ungewöhnliches von diesem schlichten Menschen zu erzählen,

heutzutage wird es schon schwierig, den Spuren seines Lebens und Wirkens nachzugehen. So mag also der Versuch erlaubt sein, einmal ohne Anspruch, aber treu bis ins Nebensächliche alles aufzuschreiben, was die spärlichen Dokumente berichten und was von einigen seiner Zeitgenossen, etwa der uralten Röckmutter in Wagrain, noch zu erfahren war.
Demnach wurde Joseph Mohr am 11. Dezember 1792 in Salzburg geboren. Sein Vater war Soldat, Musketier in erzbischöflichen Diensten, seine Mutter Anna, eine geborene Schoiber, war Strickerin in der Steingasse. Sold und Taglohn halfen den beiden nicht aus ihrer bitteren Armut, es fand sich auch kein ehrlicher Pate für den Sohn. Zuletzt musste man den Scharfrichter Franz Joseph Wohlmuth zu Hilfe bitten. Aber sogar der Freimann ließ sich bei der Taufe vertreten und entzog sich so der wunderlichen Fügung, dass er, nachdem er an die neunzig armen Sünder über Rad und Galgen weg ins Jenseits beförderte, ein-

mal auch ein unschuldiges Kind ins christliche Leben gehoben hätte, einen Knaben, dem es bestimmt war, dereinst eine ganze Welt die Engelsbotschaft der Versöhnung und des Friedens singen zu lehren.

Die erste Kindheit des kleinen Joseph wird wohl nicht eben sorglos verlaufen sein. Es geschah aber, dass er, vielleicht unter den Messbuben, einem angesehenen Manne auffiel, dem Domchorvikar Nepomuk Hiernle, der den aufgeweckten Knaben schließlich ganz und gewissermaßen an Sohnes Statt zu sich nahm.

Zunächst besuchte der Siebenjährige die Lateinschule. Und er machte seinem Gönner Ehre, schon seine ersten Lehrer, Georg Rebmann und Joseph Luz, rühmen ihn 1800 im lateinisch gedruckten Katalog der Schule als „Prinzipista", als den Vierten unter vierundzwanzig Schülern. Auch noch im akademischen Gymnasium weiß der Professor P. Martin Bischofsreiter, selber ein armer „Kramersohn" aus Mariapfarr im Lungau, aber seiner Zeit ein vielgerühmter Komponist, von seinem Schüler Mohr mit „Lob und Preis" zu berichten.

Der eigenen Neigung folgend wendete der Zieh-

vater überhaupt viel Sorgfalt daran, die musikalischen Fähigkeiten seines Schützlings auszubilden. Schon der halbwüchsige Joseph war tüchtig genug, sich als Geiger und Sopransänger selbst das Brot zu verdienen, anfangs am Universitätschor und zu St. Peter für den Mittag und Abendtisch, nach 1808 als Musikus im Stift Kremsmünster, wo er zugleich auch das Studium beenden konnte. Alle Lehrer rühmen seinen Fleiß und seine guten Gaben, nur die Sittennote ist zeitweilig von einem einschränkenden Vermerk begleitet. Man hört nicht ungern, dass der Jüngling keineswegs ein trockener Streber war, sondern seinen strengen geistlichen Erziehern manchmal durch „kindlichen Übermut" zu schaffen machte. Hohe akademische Grade hat

Joseph Mohr freilich nicht erreicht, er war ja auch von Anfang an für den Priesterberuf bestimmt. Am 21. August 1815 empfing er in Salzburg die Weihen für sein Amt. Etliche Wochen half er dem Pfarrer im freundlichen Ramsau bei Berchtesgaden, dann aber verschlug ihn das Geschick in den entlegensten Winkel der Salzburger Berge, nach Maria Pfarr im Lungau. Zart von Natur, hatte er ständig über Erkältungen zu klagen, und dass seine Stimme sehr litte. Nach zwei Jahren erbarmte sich denn auch der Bischof und berief ihn nach Oberndorf.

Hier erst, im lieblichen Vorland, konnte sich sein heiter tätiges Weben wirklich entfalten, freilich auch nicht immer zum Entzücken seiner Vorgesetzten. Es ist uns von seinem strengen Pfarrherrn Nöstler ein Bericht an das Konsistorium überkommen, der wahrscheinlich weit weniger harmlos gemeint war, als er uns heute anmutet. „Joseph Mohr", meldet der Pfarrer, „ist noch jugendlich unbesonnen. Burschenmäßig geht er mit der langen Tabakspfeife und dem Tabaksbeutel über die Gasse. Er spielt und trinkt und singt oft nicht erbauliche Lieder, überhaupt scheint er seiner Vorliebe für Musik und musikalische

Unterhaltung alles aufzuopfern." Und endlich wird ihm noch übel vermerkt, er sei „beim letzten Wasser (Hochwasser) gleich andern Schiffersknechten im Nachen herumgefahren."
Zu Mohrs engsten Vertrauten zählte der Lehrer Franz Xaver Gruber, der zwar im benachbarten Arnsdorf wirkte, aber auch in Oberndorf den Organisten-Dienst versah. Eben diesem Freundschaftsbund verdanken wir ja unser und der Welt innigstes Weihnachtslied. Die Geschichte, wie es am Christabend 1818 im Zusammenwirken beider und darum auch wie aus einem Gusse entstand und zweistimmig zur Gitarre während der Mette gesungen wurde, ist oft erzählt worden. Das neue Lied ergriff die einfachen Menschen in der Dorfkirche sofort, aber sein stiller Glanz erlosch auch nicht wieder, sondern breitete sich wie das Licht eines anderen Weihnachtsgestirns über die ganze Erde hin aus.
Im Frühwinter 1837, nach vielen unruhigen Wanderjahren, kam Joseph Mohr als Vikar nach Wagrain, noch mit dem vollen Schwung seiner unverzagten Tatkraft.
Nur wenig von seinen musikalischen Werken hat sich noch finden lassen, obwohl die ältes-

ten Chorsänger der Wagrainer Pfarre sich recht gut entsinnen können, dass der Vikar ein großes instrumentiertes Tantum ergo, eine Festmesse, ein schönes Osterlied und ein anderes mit dem Titel „Verzage nicht" selbst komponiert habe. Er hat es ja auch als einer der ersten wieder gewagt, Messen und Lieder in der Muttersprache auf dem Chor singen zu lassen, was seit den protestantischen Wirren streng verboten war, und die „Prang-Musik", die noch heutzutage bei den großen Umzügen zu Fronleichnam und Mariä Heimsuchung das Allerheiligste festlich begleitet, ist ebenfalls ihm zuzuschreiben.

Der gute Mann muss es übrigens vortrefflich verstanden haben, den harten und eigensinnigen Bauernköpfen etwas abzugewinnen. Er mutete ihnen nicht wenig an Werken der Wohltätigkeit zu, so viel zum Beispiel, dass sie ihm zuliebe in halbjähriger Arbeit ein für damalige Begriffe mustergültiges Schulhaus erbauten. Selbst der Kardinal Fürsterzbischof von Schwarzenberg wunderte sich so sehr darüber, dass er persönlich kam, um es einzuweihen.

Freilich sparte Mohr mit dem eigenen Gut so wenig wie mit dem der anderen, einmal schenkte er bare vierzig Gulden, also den Wert einer ganz schweren Kuh, für eine neue Feuerspritze. Und weil er sicher häufig Gelegenheit fand, nicht nur als gewaltiger Prediger den Mund, sondern auch als Wohltäter die Hand aufzutun, hinterließ er zuletzt auch nichts, als einen geflickten Talar und etliche harbene Hemden, sodass er auf Gemeindekosten begraben werden musste.

Auf einem der stundenweiten Versehgänge erkältete er sich und vier Wochen später starb er an einer Lungenentzündung. Man findet sein einfaches Grab gleich neben dem Kirchentor, ein geschmiedetes Gitterkreuz bezeichnet die Stelle unter der vierhundertjährigen Linde. Seine Pfarrkinder haben sehr um ihn getrauert. Es ist Sitte geblieben, den Grabhügel um die Weihnacht mit einem Lichterbaum zu schmücken. Am Heiligen Abend singt ihm eine Kinderschar sein Lied.

Karl Heinrich Waggerl

Joseph Mohr als Lebensretter

Joseph Mohr verfasste im Jahr 1818 als Kaplan im oberösterreichischen Oberndorf den Text zum wunderbarsten aller Weihnachtslieder, „Stille Nacht, heilige Nacht".

In dieser Zeit soll sich die folgende Geschichte zugetragen haben:

Es war während eines Dorffestes draußen am Fluss. Die Kinder balgten und tobten herum, und plötzlich, keiner wusste, wie es geschehen war, hörte man Schreie. Schreie, wie man sie nur in Todesangst ausstößt. Schnell bildete sich eine Menschentraube am Flussufer.

Der kleine Sandner Michael war in die reißenden Fluten gestürzt; er war es, der um sein junges Leben schrie. Aufgeregt standen die Menschen am Ufer, schrien durcheinander, aber

keiner half. Der Fluss schien geradezu mörderisch zu sein an dieser Stelle: wild, reißend, ein Strudel neben dem anderen, der einen unweigerlich in die Tiefe ziehen würde, wenn man einen Rettungsversuch wagte.
Und da kam der Kaplan Mohr angestürmt. Noch im Laufen warf er seine Schuhe fort und ohne jedes Zögern stürzte er sich in die lebensbedrohenden Fluten. Zentimeter um Zentimeter kämpfte er sich an den Buben heran, der in der Mitte des Flusses an einem herausragenden Felsen hing, sich verzweifelt festklammerte, aber doch langsam die Kraft aus Armen und Fingern entweichen fühlte.
Endlich war Mohr bei dem Buben angekommen, selbst fast am Ende seiner Kräfte und doch noch eine Unendlichkeit von dessen Rettung entfernt. Joseph packte den Jungen, er

wusste selbst nicht wie, und warf sich wieder in die Fluten. Er kämpfte sich dem Ufer entgegen, wurde immer und immer wieder abgetrieben, bis ihm endgültig die Kräfte und mit ihnen das Bewusstsein schwanden.

Als er erwachte, lag er am Ufer, triefend nass und zitternd vor Erschöpfung.

Die Männer hatten ein Boot zu Wasser gelassen und im allerletzten Moment Mohr und den Buben aus dem Wasser gezogen. Der Bub lag neben Mohr, die Sandner-Eltern knieten links und rechts von ihrem Kind, beide von Weinkrämpfen geschüttelt. Als sie des Redens wieder mächtig waren, stürzten sie sich geradezu auf Joseph, übervoll des Dankes für die Rettung ihres Kindes.

„Unser Micherl wäre ertrunken“, schluchzte die Frau unter Tränen, „wenn Sie ihn nicht herausgezogen hätten, Hochwürden! Sie haben unserem Buben das Leben gerettet“ „... und dabei Ihr eigenes Leben riskiert“, bekräftigte der Sandner. „Alle haben sie draußen gestanden und geschrien, aber Sie, Sie sind hineingesprungen in die reißenden Strudel und hätten dabei fast selbst Ihr Leben verloren!“

Und der Joseph? Der lächelte und sagte: „Aber ich bitte euch, das hätte doch jeder getan. Und das mit dem Leben riskieren, wisst ihr, das ist so eine Sache. Wenn der liebe Gott mich zu sich holen will, dann wird er das tun. Und solange es ihm gefällt, dass ich hierbleiben darf, soll es mir recht sein! Und nun hört auf, mir zu danken. Ich bin froh, dass dem Micherl nichts passiert ist. Alles Weitere war nichts weiter als Christen- und Menschenpflicht. Möge Gott euch und eure Familie schützen!"
Später meinte der Joseph zu dem Vorfall ganz banal: „Das war ja alles viel zu viel der Ehre. Ich versuche doch nur zu tun, was ich tun muss. Obwohl mir schon sehr mulmig war, wie ich den Buben im Arm gehabt hab im reißenden Wasser. So ein guter Schwimmer bin ich ja nun auch wieder nicht. Aber mit dem rechten Gottvertrauen kann man vieles schaffen, was einem sonst vielleicht nicht gelingen würde."

Klaus Sauerbeck

„Stille Nacht, heilige Nacht!" entsteht

Im Oktober 1818 soll sich in Oberndorf die folgende dramatische Geschichte ereignet haben, in der wiederum Joseph Mohr eine entscheidende Rolle spielt und die von den ersten Anfängen der Entstehung von „Stille Nacht, heilige Nacht!" erzählt:
Maria, ein Mädchen aus dem Dorf, in dem Mohr als Kaplan tätig war, war schwanger geworden. Kein Mensch glaubte ihr, dass der Rupert, der als Knecht auf einem Hof arbeitete, sie vergewaltigt hatte. Ihr Vater hatte getobt und gedroht, sie vom Hof zu werfen, wenn sie, wie er sich ausdrückte, „den Balg zur Welt bringen" wollte.

Aber Maria konnte nicht anders. Es war ein kleines Menschenleben, das da in ihrem Bauch heranwuchs, und das konnte nichts dafür, dass es einem Akt brutaler Gewalt entstammte. Für Maria gab es keine andere Möglichkeit: Sie musste das Kind zur Welt bringen.

Daraufhin hatte der Vater sie aus dem Haus geworfen, jeder im Dorf hatte sie verachtet, keiner wollte mehr etwas mit ihr zu tun haben – bis auf einen: den Anton.

Anton war das, was man gemeinhin einen Sonderling nennt, einen komischen Kauz. Er lebte oben auf dem Berg und kam nur selten herunter ins Dorf. Und gerade er war es, der sich der Maria in ihrer Not annahm und ihr ein Dach über dem Kopf bot.

Als das Baby zur Welt kam, weigerte der Pfarrer sich, es zu taufen. Ein Kind der Schande!

Joseph Mohr kümmerte das nicht; er taufte das Kind. Es war für die Maria so wichtig, dass ihr Kind getauft wurde, und sie würde dem Joseph in alle Ewigkeit dankbar sein!
Der ganze Ort war tief beschämt, als der Rupert sich im Wirtshaus im Rausch verplapperte und die Wahrheit ans Licht kam: Er hatte die Maria auf brutalste Art und Weise vergewaltigt.
Marias Vater beteuerte ihr, wie leid ihm alles tue, aber die Maria wollte nicht zurück auf den elterlichen Hof. Sie wollte bei ihrem Anton bleiben, den sie inzwischen lieben gelernt hatte und der das Kind liebte wie sein eigenes.
Übrigens gaben sie ihrem kleinen Buben den Namen Josef, worüber der Kaplan sich sehr freute.
Ab und zu stieg der Joseph hinauf auf den Berg zu den dreien, plauderte ein wenig, betrachtete mit liebevollen Blicken den Kleinen und genoss das Glück der kleinen Familie.
„Das Kind ist mir ans Herz gewachsen, als wär's mein eigenes, Hochwürden", sagte einmal der Anton zu Joseph Mohr und fuhr fort: „Der kleine Wurm kann doch nichts für die Schlechtigkeit der Menschen. Und Ihnen, Herr Kaplan, Ihnen

werden wir nie vergessen, dass Sie bereit waren, den Kleinen zu taufen, obwohl er doch ein Kind der Schande ist, wie sie im Dorf alle gesagt haben."

Maria ergänzte: „Und auch wenn unser Kleiner das Ergebnis einer furchtbaren Gewalttat ist, so ist er doch für mich das Liebste auf der Welt."

Und mit einem bezaubernden Lächeln in Richtung Anton fügte sie schnell hinzu: „Und gleich danach kommt mein Anton!"

Und obwohl Herr Hochwürden zusah, küsste sie den Anton so, wie man nur küsst, wenn man wirklich liebt. Als sie endlich ausgeküsst hatten, lächelte Joseph und wurde sehr nachdenklich. Leise, ganz leise, fast wie im Selbstgespräch, hörten sie ihn murmeln:

„Es ist ganz eigenartig, aber seit der ganzen Geschichte mit euch beiden und dem kleinen Joseph gehen mir ein paar Zeilen nicht mehr aus dem Sinn. Sie sind mir einfach so eingefallen, waren plötzlich da, als wären sie mir zugeflogen. Ich hab so etwas noch nie erlebt. Vielleicht ist es, weil ihr drei mich irgendwie an die Heilige Familie erinnert, an Maria, Joseph und den kleinen Jesus – drei, grade so wie ihr: arm, kei-

ner will sie haben, aber ehrlich und aufrecht. Und sie haben einander, so wie ihr euch habt."
Maria war hellhörig geworden: „Ein paar Zeilen, Hochwürden? Ein Gedicht?"
„Nun", erwiderte Mohr, „ein Gedicht würde ich es nicht nennen. Gedicht ist ein so großes Wort."
„Aber", beharrte Anton, „ein paar Zeilen haben Sie gesagt, Herr Kaplan. Tun Sie uns doch den Gefallen und lassen Sie sie uns hören."
Ein wenig zierte sich der Joseph: „Aber nein, Anton, es ist ja nichts; nichts als ein paar Gedanken eines unbedeutenden kleinen Kaplans."
Maria gab nicht nach: „Ich bitte Sie, Hochwürden, lassen Sie sie uns hören, diese paar Gedanken eines ganz und gar nicht unbedeutenden Herrn Kaplan, der so viel für uns getan hat und dem wir so viel verdanken. Seien Sie doch so gut!"
„Na gut", seufzte Mohr, „wenn ihr meint. Aber auslachen dürft ihr mich nicht."
Umständlich zog er einen zusammengeknüllten Zettel aus der Tasche, und im flackernden Licht des Ofenfeuers, das tanzende Schatten an die Wand zauberte, begann Joseph Mohr an jenem Oktobertag des Jahres 1818 zum ersten

Mohr.
Gruber.
Stille Nacht, heilige Nacht! „Wer hat Dich, o Lied, gemacht?
Mohr hat mich so schön erdacht, Gruber zu Gehör gebracht,
1818 Priester und Lehrer vereint!" 1918
St. Nikolauskirche in Oberndorf an der Salzach
Hundertjährig. Jubiläum!

Mal jene Worte vorzulesen, die später – leicht verändert - als Lied eine unglaubliche Reise um die ganze Welt antreten sollten:

„Stille Nacht, heilige Nacht,
alle schlafen, einsam wacht
nur ein wunderbares heiliges Paar,
dazu ein Knabe mit lockigem Haar.
Schlafe in himmlischer Ruh;
schlafe in himmlischer Ruh."

Maria und Anton hatten sich ganz eng aneinandergeschmiegt und gebannt den Worten des Priesters gelauscht. Erst nach einer ganzen Weile waren sie in der Lage, sich dem Zauber dieser Stimmung zu entziehen.
„Das ist wunderbar, Hochwürden", sagte Maria ganz leise, wie um den Frieden nicht zu stören.
„Ich wünschte, die ganze Welt hätte es hören können", murmelte der Anton.
„Nun hört aber auf, ihr zwei", wehrte Joseph ab.
„Ihr macht mich ja ganz verlegen. Sind doch wirklich nicht mehr als ein paar Zeilen."
Als Joseph Mohr sich wenig später auf den Nachhauseweg hinunter ins Dorf machte, ver-

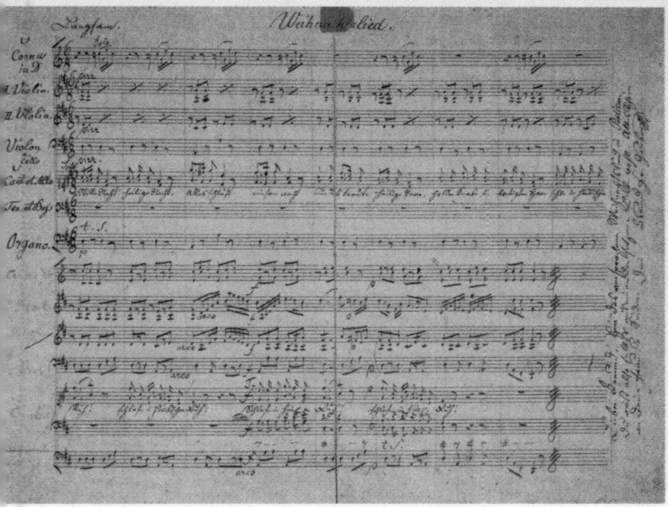

abschiedete Maria ihn mit den Worten: „Auf Wiedersehen, Hochwürden, und danke. Vielen, vielen Dank!“ „Dank?“, fragte Joseph verwundert, „Dank wofür?“ Maria sah ihn an und flüsterte: „Für die Zeilen, Hochwürden, für diese wunderbaren Zeilen. Und bitte, schreiben Sie es fertig, Ihr Gedicht.“

Zu Anton, der hinter ihr stand, sagte sie, nachdem Joseph im Dunkel der hereingebrochenen Nacht verschwunden war: „Hast du's gehört, Anton? Wir erinnern ihn an die Heilige Familie. Wir drei unbedeutenden Menschlein.“ „Freilich hab ich's gehört, Maria“, antwortete ihr der

Anton. „Und es hat mich angerührt, ganz tief drinnen. So wie mich diese Geschichte von den dreien jedes Jahr aufs Neue anrührt; von den dreien, die keiner haben wollte, die nirgendwo willkommen waren und die doch die Welt zum Guten verändert haben wie nichts und niemand vor oder nach ihnen."

„Und da kommt dieser Mann", sinnierte die Maria, „und schreibt diese Zeilen!"

Klaus Sauerbeck

Gebet

„O Jesu! Du mein Einziger,
du meine ganze Hoffnung!
Dich rufen fromme Seelen.
O Jesu! Süßer Name!
Du wahrer Freund der Seele!
Du bist dem Ohr ein süßer Klang,
dem Mund ein süßer Honig,
dem Herzen eines Himmels Trank!

Vertreibe der Seele Finsternis,
erfülle die Welt mit deiner Süßigkeit!
Bleibe bei uns, o Herr,
und schenke uns dein Licht!
Vertreibe der Seele Finsternis!
Bleibe bei uns, o Herr!
Alleluja!"

Joseph Mohr (1813)

„Stille Nacht, heilige Nacht!" erklingt zum ersten Mal

Es war eine harte Zeit, damals, im Jahr 1818 im oberösterreichischen Oberndorf, wo Joseph Mohr seinen Dienst als Kaplan versah. Die Menschen waren arm, die Winter kalt. Und die Kirchenmäuse hungrig. Sie hungerten so sehr, dass sie den Blasebalg der Kirchenorgel anknabberten, sodass die Orgel nur noch jämmerlich seufzte, aber keinen vernünftigen Ton mehr herausbrachte.

Und so mussten sich Joseph Mohr und sein Freund, der Lehrer und Musiker Franz Gruber, in der Christmette anders behelfen. Und erschufen „Stille Nacht, heilige Nacht."
Aber der Reihe nach: Da stand also nun Franz Gruber völlig verzweifelt in Josephs guter Stube und wusste nicht aus noch ein: Die Orgel machte keinen Mucks! Mild lächelte Joseph seinen Freund an:
„Ach, Franz, alter Schwarzseher, jetzt lass uns halt mal in aller Ruhe überlegen, was wir tun können."
Na, da kam er dem Franz jetzt aber gerade recht.

„Tun? Was sollen wir denn tun? Gar nichts können wir tun! Die Mette müssen wir absagen; Weihnachten müssen wir absagen! Oje, oje, Joseph, was soll denn bloß werden?“
Obwohl ihm der Franz einerseits leid tat, musste Joseph lachen: „Jetzt mal langsam, alter Freund. Also, Weihnachten absagen, das ginge mir dann doch ein wenig zu weit.“
Er nahm seine Gitarre zur Hand und meinte: „Schau her, Franz, dieses gute alte Stück wird uns helfen, Weihnachten und die Christmette zu retten. Und dazu du mit deinem Bass und ich mit meinem Tenor, so werden wir das schon hinbringen!“
Franz schaute den Freund ungläubig an: „Mit der Gitarre?“ „Ja, mit der Gitarre!“ Joseph war von seiner Idee selber zunehmend begeistert: „Und vielleicht bringen wir ja sogar was Eigenes zusammen!“ „Wie, was Eigenes? Ich glaube nicht, dass ich dich jetzt verstehe, Joseph.“ „Ein Weihnachtslied, meine ich, Franz. Unser eigenes Weihnachtslied!“
Franz sah ihn noch immer verständnislos an. Joseph sagte ernst: „Du kennst doch die Geschichte mit der Maria, dem Anton und dem

kleinen Joseph." Franz nickte: „Ja, freilich, wer kennt sie nicht. Der Rupert hat die Maria vergewaltigt und daraus ist ein Kind entstanden. Die Maria hat das Kind bekommen, obwohl ihr Vater sie deswegen vom Hof gejagt hat. Und der Anton, oben auf dem Berg, der hat die Maria und ihr Kind aufgenommen. Und du, Joseph, du hast das Kind getauft, weil es sonst keiner der geistlichen Herrn tun wollte. Wie könnt ich das vergessen, habe ich doch selbst die Violine dazu gespielt."

„Genau", bestätigte Joseph. „Und ich sag dir, Franz, seit dieser Geschichte gehen mir ein paar Gedichtzeilen nicht mehr aus dem Sinn. Erst waren es nur vier Zeilen, aber die Maria und der Anton haben gemeint, ich soll es fertig schreiben. Die Maria und der Anton, die mich zusammen mit ihrem Kind so sehr an die Heilige Familie erinnern. Und jetzt hab ich das Gedicht noch ein wenig verändert und fertig geschrieben, Franz. Vielleicht fällt dir ja eine Melodie dazu ein."

Gruber schüttelte langsam den Kopf „Joseph, es ist eigenartig, und vielleicht glaubst du jetzt, dass ich spinn, aber ich hab seit ein paar Tagen eine Melodie im Kopf und kann nicht sagen, wie und woher. Aber sie ist da. Als hätte sie mir jemand eingegeben." Er summte vier Töne und der Joseph wusste nicht, wie ihm geschah: „Das gibt's doch nicht, Franz, das passt, das passt ganz genau! Hör dir das an." Und damit sang er auf die Töne von Franz zögerlich: „Stille Nacht, heilige Nacht."

Franz drängte: „Joseph, dein Gedicht, lass mich dein Gedicht hören!" Und der Joseph las vor, wobei der Franz auf der Suche nach der genau passenden Melodie manchmal mitsummte, den Kopf schüttelte oder auch nickte:

Stille Nacht, heilige Nacht!
Alles schläft, einsam wacht
nur das traute hochheilige Paar.
Holder Knabe im lockigen Haar,
schlaf in himmlische Ruh,
schlaf in himmlischer Ruh.

Stille Nacht, heilige Nacht!
Hirten erst kundgemacht,
durch der Engel Halleluja
tönt es laut von fern und nah:

Vikar Josef Mohr schuf hier den Text des Liedes.
Stille Nacht, Heilige Nacht
Oberndorf
Hier stand die alte Pfarrkirche, in welcher das Lied 1818 das erstemal zur Christmette gesungen wurde.
Stifter: Ostmärkischer Sängerbund Wien 1935

Christ, der Retter, ist da,
Christ, der Retter, ist da!

Stille Nacht, heilige Nacht!
Gottes Sohn, oh wie lacht
Lieb aus deinem göttlichen Mund,
da uns schlägt die rettende Stund,
Christ, in deiner Geburt,
Christ, in deiner Geburt.

Franz hatte jetzt keinen Nerv mehr für Ruhe oder Besinnlichkeit: „Die ersten zwei Zeilen, Joseph", drängte er, „sag mir nochmal die ersten zwei Zeilen. Und gib mir was zu schreiben. Gib mir Feder und Tinte."
Und während Joseph die beiden ersten Zeilen noch einmal langsam wiederholte, schrieb der Franz und forderte schließlich den Freund auf: „Hör zu, Joseph, oder spiel gleich mit, wenn du kannst." Und ganz zögerlich und unsicher sangen die beiden zum ersten Mal die ersten beiden Zeilen des größten Weihnachtsliedes aller Zeiten:
„Stille Nacht, heilige Nacht! Alles schläft, einsam wacht …"

Und weil es so großartig klang, sangen und spielten sie es noch mal und gleich noch einmal.

„Weiter, Joseph, wie geht der Text weiter?", drängte Franz, und Joseph fuhr fort:

„… nur das traute, hochheilige Paar.
Holder Knabe im lockigen Haar."

Und wieder schrieb der Franz, und dann begannen sie zu singen, und der Joseph fiel mit der Gitarre ein, und es war ganz wunderbar.

Schließlich sprang Franz auf, packte das Blatt und rief dem Joseph im Hinauslaufen zu: „Ich komponier das fertig, Joseph, jetzt gleich renn ich heim und komponier das fertig. Das wird unser Weihnachtslied! Die Christmette ist gerettet! Weihnachten ist gerettet! Wir singen unser Weihnachtslied, und du spielst dazu mit der Gitarre. Bis heute Abend, Joseph, heute Abend in der Kirche. Bis dahin werd ich die Melodie fertig haben. Und du, schreib den Text noch einmal auf, dass wir ihn miteinander singen können. Und sei ein wenig früher in der Kirche, damit wir noch einmal üben können."

Und weg war er. Nein, noch nicht ganz, denn er steckte noch einmal den Kopf durch die Tür und sagte mit einem Zittern in der Stimme: „Mensch, Joseph, dieser Text! Woher hast du nur diesen Text? Der liebe Gott muss dich sehr lieben, wenn er dir solche Einfälle schenkt."

Und damit verschwand er endgültig und ließ einen sehr nachdenklichen Joseph Mohr zurück.

„Unser Weihnachtslied", murmelte der. „Wir haben unser eigenes kleines Weihnachtslied."

Und leise summte er die Melodie vor sich hin, während er noch einmal den Text aufschrieb, dessen Original ihm ja der Franz entführt hatte. Ganz leise, zu sich selbst und doch an die Adresse seines Freundes, so, als könnte der ihn noch hören, flüsterte Joseph: „Lass uns den Menschen hier ein Lied schenken, Franz. Ein Lied, das sie ergreift und erwärmt. Sie haben nicht viel, aber sie haben ihren Glauben. Den Glauben an die Geburt unseres Herrgotts. Den Glauben an die Heilige Nacht. Lass uns den Menschen ein Lied schenken, Franz wie die Welt es noch nicht gehört hat."

Klaus Sauerbeck

„Stille Nacht, heilige Nacht!“ erklingt zum ersten Mal in einer Kirche

Bei der Mitternachtsmette des Jahres 1818 in dem kleinen österreichischen Ort Oberndorf waren die Besucher zunächst einmal sehr erstaunt, dass es keine Orgelmusik gab. Doch Gruber und Mohr umrahmten die Messe wunderbar mit Gitarrenbegleitung und Gesang, sodass der Ausfall der Orgel gar nicht so sehr ins Gewicht fiel. Zum Ende der Mette stimmten Joseph und Franz ihr Weihnachtslied an.

Ihr „Stille Nacht, heilige Nacht". Gruber hatte seine Kinder den Refrain gelehrt, jeweils die letzte wiederholte Zeile jeder Strophe. Er selbst intonierte mit seinem wohlklingenden Bass die Unterstimme, während Joseph Mohr mit klarer Tenorstimme die Hauptmelodie sang und mit der Gitarre die Begleitung spielte. Die kleine Kirche erlebte eine Stimmung, die man eigentlich gar nicht beschreiben kann. Die Zuhörer waren zutiefst ergriffen von diesem Lied und seiner Botschaft von Frieden und Freude. An diesem Abend spürten sie Weihnachten tief in ihrem Inneren wie noch nie zuvor in ihrem Leben. So manche Träne bahnte sich ihren Weg, so manche Hand wurde gedrückt, so manch liebevoller Blick ausgetauscht. Noch niemals zuvor hatte man die Botschaft der Heiligen Nacht so spürbar erlebt. Man meinte dabei zu sein in der Nacht von Bethlehem, in der uns der Heiland geboren wurde.

Gegen halb zwei morgens verließen die Menschen langsam, nachdenklich und froh die Kirche. Es war eine sternenklare, bitterkalte Winternacht, aber in den Herzen der Menschen war es warm. Das Lied hatte die Kälte aus den Herzen vertrieben.

Der Stimmung folgend, die sie alle ergriffen hatte, stellten Mohr und Gruber sich am Ausgang der Kirche auf, um den Besuchern ein frohes Fest zu wünschen. Viele Menschen drückten ihnen einfach nur die Hand, manche umarmten sie und eine alte Frau flüsterte: „Was für ein Lied! Dieses Lied hätte es verdient, in aller Welt bekannt zu werden als das schönste Weihnachtslied, das es jemals gegeben hat."

Joseph und Franz, die beiden Freunde, lächelten einander zu angesichts eines solch naiven Wunsches. Kein Mensch ahnte damals, dass der Wunsch der alten Frau in Erfüllung gehen würde: Joseph Mohr und Franz Gruber hatten das wunderbarste Weihnachtslied aller Zeiten erschaffen – an einem Winternachmittag, in einer kleinen Kammer, aus der Not geboren. Ein Weihnachtslied, dessen Entstehungsgeschichte so wunderbar zu dem Geschehen passt, von dem es erzählt: zu dem Geschehen in der stillen, heiligen Nacht von Bethlehem vor zweitausend Jahren.

Klaus Sauerbeck

Weihnachten in Oberndorf

Auf dem vereisten schmalen Gehsteig gehen die eingemummten Menschen dem Hinweisschild nach, das die Richtung zur Stille-Nacht-Gedächtniskapelle anzeigt. Autos, die meisten mit ausländischen Kennzeichen, suchen nach legalen oder illegalen Parkplätzen. Aber es scheint schon lang keine mehr zu geben. Bodenmarkierungen sind ohnehin nicht zu erkennen, denn es liegt ein halber Meter Schnee, und die geräumten Flächen sind mit einer Eisschicht bedeckt. Es ist vier

Uhr nachmittags. In dieser Zeit der kürzesten Tage und längsten Nächte des Jahres beginnt jetzt die magische „blaue Stunde". Am Fuß des Kapellenhügels stehen Seite an Seite aus frischen Brettern gezimmerte Verkaufsbuden, die Speck, Süßigkeiten und vor allem heiße Getränke anbieten. Zarter Geruch nach Rum erfüllt die Luft. Schon eine Stunde vor Beginn der Feier sind viele Besucher da. Einige besuchen das einstige Mesnerhaus, wo Joseph Mohr während seiner Oberndorfer Zeit gelebt hatte. Jetzt ist es ein Museum, das die damalige Zeit anschaulich dokumentiert.

Andere versuchen, einen Blick ins Innere der Kapelle zu werfen. Der Schnee knirscht unter ihren Füßen, wenn sie den Hügel hinaufgehen, doch da hat sich schon eine Schlange vor dem Eingang gebildet, weil das Innere der Kapelle nur eine Handvoll Besucher fasst. Das ist aber auch gar nicht das unbedingte Ziel für alle, die hier her gekommen sind. Um die Kapelle mit ihrer einfachen Ausstattung, den Glasfenstern, dem geschnitzten Altar und den paar Stuhlreihen von innen zu sehen, ist jeder andere Tag als dieser günstiger. Vielsagend ist das darin aufliegende Buch, in dem die Menschen ihren Besuch dokumentieren. Sie schreiben Gebete hinein, drücken ihre enge Verbundenheit mit dem Lied aus, und wer weit zurückblättert, wird aus den Eintragungen schließen können, dass dies hier für viele, die während des Sommers vorbeikommen, eine willkommene Station auf einem hunderte Kilometer langen Radweg ist, der den Fluss entlangführt, entlang jener Route, auf der jahrhundertelang das Salz transportiert worden ist. Die Salzach war durch all diese Zeit hindurch der wichtigste Verkehrsweg des Landes.

Um sich ein Bild davon zu machen, muss man die paar Schritte hinauf auf den Hochwasserdamm gehen. Er existiert in dieser Form seit über sechzig Jahren. Die Salzach beschreibt hier eine markante Schleife, sodass man meinen könnte, die Stadt Laufen am anderen Ufer befände sich auf einer Insel. Jetzt tut der Fluss ganz unschuldig. Es ist unvorstellbar, dass sich auf diesem niedrigen Wasser ein Schiff fortbewegen könnte. Könnte es ja auch nicht. Im Winter ist der Pegelstand viel zu niedrig. Während des Winters musste der Salztransport ruhen. Aber von Zeit zu Zeit bewegen sich hier ganz andere Wassermassen. Wenn sie in der Vergangenheit, als es den Damm noch nicht gab, in einer Höhe von über zehn Metern mit rasender Geschwindigkeit daher rollten, brachten sie immer wieder Tod und Verderben über Oberndorf. Die Häuser standen damals noch unmittelbar am Ufer, entsprechend katastrophal waren die Schäden. In manchen Jahren blieb es nicht bei einer Überschwemmung, und es kam vor, dass die Erholungspausen zwischen dem einen Hochwasser und dem nächsten nicht ausreichten, um auch nur die gröbsten Schäden zu beseitigen. Die Schiffer lebten vom Fluss, zugleich bedrohte er immer wieder ihre Existenz. Schließlich steigerte sich die Mutlosigkeit der Bewohner derart, dass sie beschlossen, ihre Häuser aufzugeben und den Ort in einiger Entfernung auf sichererem Gelände neu zu errichten. Aufgegeben werden mussten aber nicht nur die durchfeuchteten Wohnhäuser, sondern auch die Kirche. Auch ihr hatten die fortwährenden Überschwemmungen zugesetzt. Der Entschluss fiel den Verantwortlichen nicht leicht, denn es war nicht irgendeine Kirche. Was ihre architektonische und künstlerische Bedeutung betraf,

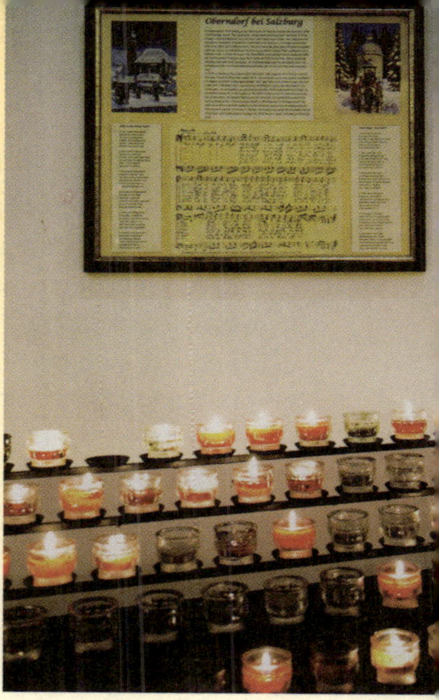

so konnten zwar viele andere mit ihr mithalten, doch was sie auszeichnete, war, dass in ihr die Uraufführung des Liedes „Stille Nacht, heilige Nacht!“ stattgefunden hatte. Die Kirche existiert nicht mehr. An ihrer Stelle steht seit 1937 die Kapelle.
Für längeres geduldiges Warten in der Reihe vor der Gedächtniskapelle ist es an diesem Nachmittag zu kalt, minus acht oder sogar zehn Grad, da ist es besser, an einem der Stände ein Glas Punsch zu trinken, um, von innen gewärmt, die Wartezeit überbrücken zu können, ohne auf dem Boden festzufrieren. Inzwischen ist die Menge der Besucher immer dichter geworden, viele verschiedene Sprachen sind zu hören: Amerikanisch, Japanisch, prononciertes Deutsch und Russisch. Einen farbigen Akzent setzen

die Schifferschützen in ihren historischen Uniformen. Wo immer sie in kleinen Gruppen zusammenstehen, werden sie fotografiert, und die eine oder andere Besucherin will mit ihnen aufs Bild kommen. Sie sind sich ihrer Bedeutung als Zeugen einer vergangenen Zeit bewusst und tragen mit sichtlichem Stolz die scharlachroten Jacken und weißen Hosen. Die Stattlichkeit ihrer Erscheinung unterstreichen aber erst so recht die Korsikanerüte mit weißen Federbüschen und Ankerabzeichen. Waffen tragen sie auch, Säbel und Vorderladergewehre mit Bajonetten. Aufmerksamkeit ziehen aber ebenso einige Frauen in kostbarer Tracht mit Goldhauben auf dem Kopf auf sich. Nicht nur ihr Äußeres ist bewundernswert, auch die Art, wie stoisch sie die Kälte ertragen.
Um die Zeit abzukürzen, kann man in das Bruckmannhaus gegenüber der Gedächtniskapelle gehen. Das ist ein Gebäude mit historischer Substanz. So rigoros wie es renoviert ist, sieht man ihm das nicht an. Hier stellen sich viele an, um ihre Postkartengrüße mit einem Sonderstempel versehen zu lassen, und wer nach Souvenirs sucht, braucht sich über

Mangel nicht zu beklagen. Das Sehenswerte in diesem Haus ist das Museum im oberen Stock. Doch jetzt, da alles auf den Beginn der Feier wartet, lässt sich die Konzentration dafür kaum aufbringen.

Die Dämmerung bricht herein, Scheinwerfer strahlen den Hügel und die Kapelle an. Endlich, es ist knapp vor fünf Uhr, ertönen Schüsse. Die Köpfe wenden sich in die Richtung des Kalvarienbergs von Maria Bühel. Dort zeichnen sich als Silhouette vor dem noch hellen

Himmel die aufgereihten Schützen der Königlichen Privilegierten Feuerschützengesellschaft Laufen ab. Noch bevor die Schüsse zu hören sind, blitzt das Mündungsfeuer der Geschütze auf. Gemeint ist das als Ausdruck der Hochstimmung. Aber es lässt sich dabei auch denken, dass genau hier vor rund zweihundert Jahren ebenfalls Schüsse gekracht haben, und die waren damals ernst gemeint. Es ging um Leben und Tod.

Dann ertönt plötzlich Glockengeläut von der Pfarrkirche Oberndorf, die Glocken der Stiftskirche Laufen jenseits des Salzachflusses auf deutscher Seite fallen ein, und zuletzt kommt auch noch das Läuten der Wallfahrtskirche Maria Bühel dazu. Jetzt fängt auf dem Balkon des Pumpenhäusls neben dem historischen Wasserturm am Fuß des Kapellenhügels das Bläserquartett der Stadtmusikkapelle von Oberndorf an, und dann begrüßt der Bürgermeister die Gäste aus aller Welt. Er erinnert daran, dass an diesem Ort vor langer Zeit erstmals das Lied „Stille Nacht, heilige Nacht!" erklungen ist, als eine Friedensbotschaft an die ganze Welt, und er sagt, dass die Welt diese

IHS

Botschaft heute dringender nötig hätte als je. Die Worte *des kommen* durch die Übersetzung ins Englische nur noch mehr Gewicht.
Es ist aber nicht so, dass etwa das berühmte Lied am Ort seiner Entstehung nun gleich zu hören wär, nein, Geduld ist nötig, die Erwartung wird zunächst durch den Vortrag anderer Instrumentalmusik und Chöre gesteigert. So verlangt es die gut kalkulierte Dramaturgie. Einige kapitulieren inzwischen vor der Kälte und suchen Zuflucht im Gasthaus „Stille-Nacht-Stubn". Dort beschlägt es einem die Brille, bevor man sieht, wie überfüllt es hier ist. Der Raum ist voll von einem internationalen Stimmengewirr. Aber keiner will den Höhepunkt versäumen. Er ist erreicht, nachdem zwei geistliche Herren das Weihnachtsevangelium vorgetragen („Als aber Jesus zu Bethlehem in Judäa geboren war …") und den Weihnachtssegen erteilt haben. Jetzt ist der Moment gekommen, da Kurt Eberhard und Christian Schickmayr, Tenor der eine, Bass der andere, von einer Gitarre begleitet zu singen beginnen: „Stille Nacht, heilige Nacht! …" Sie übernehmen die Rollen, die bei der Uraufführung 1818

die beiden Schöpfer des Lieds, Franz Xaver Gruber und Joseph Mohr, innegehabt hatten, und der Chor der Oberndorfer Liedertafel fällt mit dem Refrain ein.
Da vergessen die Zuhörer, dass es bitter kalt ist, und überlassen sich der besonderen Stimmung. Ähnlich ergriffen mögen die Menschen damals gewesen sein, als Franz Xaver Gruber und Joseph Mohr in der Kirche von St. Nikola, die an der Stelle der heutigen Gedächtniskapelle stand, nach der Mitternachtsmette zum ersten Mal das von ihnen geschaffene Lied sangen, ohne im Geringsten zu ahnen, welchen Widerhall es in der ganzen Welt finden würde.

Werner Thuswaldner

Weihnachten bei den Buddenbrooks

„Tochter Zion, freue dich!“, sangen die Chorknaben, und sie, die eben noch da draußen so hörbare Allotria getrieben, dass der Senator sich einen Augenblick an die Tür hatte stellen müssen, um ihnen Respekt einzuflößen, sie sangen nun ganz wunderschön. Diese hellen Stimmen, die sich, getragen von den tieferen Organen, rein, jubelnd und lobpreisend aufschwangen, zogen aller Herzen mit sich Empor, ließen das

Lächeln der alten Jungfern milder werden und Machten, dass die alten Leute in sich hineinsahen und ihr Leben überdachten, während die, welche mitten im Leben standen, ein Weilchen ihrer Sorgen vergaßen.
Hanno ließ sein Knie los, das er bislang umschlungen gehalten hatte. Er sah ganz blass aus, spielte mit den Fransen seines Schemels und scheuerte seine Zunge an einem Zahn, mit halbgeöffnetem Munde und einem Gesichtsausdruck, als fröre ihn. Dann und wann empfand er das Bedürfnis, tief aufzuatmen, denn jetzt, da der Gesang, dieser glockenreine Acap-

pella Gesang die Luft erfüllte, zog sein Herz sich in einem fast schmerzhaften Glück zusammen. Weihnachten ... Durch die Spalten der hohen, weißlackierten, noch fest geschlossenen Flügeltür drang der Tannenduft und erweckte mit seiner süßen Würze die Vorstellung der Wunder dort drinnen im Saale, die man jedes Jahr aufs Neue mit pochenden Pulsen als eine unfassbare, unirdische Pracht erharrte ... Was würde dort drinnen für ihn sein? Das, was er sich gewünscht hatte, natürlich, denn das bekam man ohne Frage, gesetzt, dass es einem nicht als eine Unmöglichkeit zuvor schon ausgeredet worden war. Das Theater würde ihm gleich in die Augen springen und ihm den Weg zu seinem Platz weisen müssen, das ersehnte Puppentheater, das dem Wunschzettel für Großmama stark unterstrichen zu Häupten gestanden hatte und das seit dem „Fidelio" beinahe sein einziger Gedanke gewesen war.

Ja, als Entschädigung und Belohnung für einen Besuch bei Herrn Brecht hatte Hanno kürzlich zum ersten Male das Theater besucht, das Stadt-Theater, wo er im ersten Range an der Seite seiner Mutter atemlos den Klängen und

Anno Dominus providebit 1758
BUDDENBROOKHAUS

Vorgängen des „Fidelio" hatte folgen dürfen. Seitdem träumte er nichts als Opernszenen, und eine Leidenschaft für die Bühne erfüllte ihn, die ihn kaum schlafen ließ. Mit unaussprechlichem Neide betrachtete er auf der Straße die Leute, die, wie ja auch sein Onkel Christian, als Theater-Habitués bekannt waren, Konsul Döhlmann, Makler Gosch …
War das Glück ertragbar, wie sie fast jeden Abend dort anwesend sein zu dürfen? Könnte er nur einmal in der Woche vor Beginn der Aufführung einen Blick in den Saal tun, das Stimmen der Instrumente hören und ein wenig den geschlossenen Vorhang ansehen! Denn er liebte alles im Theater: den Gasgeruch, die Sitze, die Musiker, den Vorhang …
Wird sein Puppentheater groß sein? Groß und breit? Wie wird der Vorhang aussehen? Man muss baldmöglichst ein kleines Loch hineinschneiden, denn auch im Vorhang des Stadt-Theaters war ein Guckloch … Ob Großmama oder Mamsell Severin – denn Großmama konnte nicht alles besorgen – die nötigen Dekorationen zum „Fidelio" gefunden hatte? Gleich morgen wird er sich irgendwo einschlie-

ßen und ganz allein eine Vorstellung geben … Und schon ließ er seine Figuren im Geiste singen; denn die Musik hatte sich ihm mit dem Theater sofort aufs Engste verbunden …
„Jauchze laut, Jerusalem!“, schlossen die Chorknaben, und die Stimmen, die fugenartig nebeneinander her gegangen waren, fanden sich in der letzten Silbe friedlich und freudig zusammen. Der klare Akkord verhallte, und tiefe Stille legte sich über Säulenhalle und Landschaftszimmer. Die Mitglieder der Familie blickten unter dem Drucke der Pause vor sich nieder; nur

Direktor Weinschenks Augen schweiften keck und unbefangen umher, und Frau Permaneder ließ ihr trocknes Räuspern vernehmen, das unterdrückbar war. Die Konsulin aber schritt langsam zum Tische und setzte sich inmitten ihrer Angehörigen auf das Sofa, das nun nicht mehr wie in alter Zeit unabhängig und abgesondert vom Tische da stand. Sie rückte die Lampe zurecht und zog die große Bibel heran, deren altersbleiche Goldschnittfläche ungeheuerlich breit war. Dann schob sie die Brille auf die Nase, öffnete die beiden ledernen Spangen, mit denen das kolossale Buch geschlossen war, schlug dort auf, wo das Zeichen lag, dass das dicke, raue, gelbliche Papier mit dem übergroßen Druck zum Vorschein kam, nahm einen Schluck Zuckerwasser und begann, das Weihnachtskapitel zu lesen.

Sie las die altvertrauten Worte langsam und mit einfacher, zu Herzen gehender Betonung, mit einer Stimme, die sich klar, bewegt und heiter von der andächtigen Stille abhob.

„Und den Menschen ein Wohlgefallen!“, sagte sie. Kaum aber schwieg sie, so erklang in der Säulenhalle dreistimmig das „Stille Nacht, hei-

lige Nacht", in das die Familie im Landschaftszimmer einstimmte. Man ging ein wenig vorsichtig zu Werke dabei, denn die meisten der Anwesenden waren unmusikalisch, und hie und da vernahm man in dem Ensemble einen tiefen und ganz ungehörigen Ton ... Aber das beeinträchtigte nicht die Wirkung dieses Liedes ... Frau Permaneder sang es mit bebenden Lippen, denn am süßesten und schmerzlichsten rührt es an dessen Herz, der ein bewegtes Leben hinter sich hat und im kurzen Frieden der Feierstunde Rückblick hält ... Madame Kethelsen weinte still und bitterlich, obgleich sie von allem fast nichts vernahm.
Und dann erhob sich die Konsulin. Sie ergriff die Hand ihres Enkels Johann und die ihrer Urenkelin Elisabeth und schritt durch das Zimmer. Die alten Herrschaften schlossen sich an, die jüngeren folgten, in der Säulenhalle gesellten sich die Dienstboten und die Hausarmen hinzu, und während alles einmütig „O Tannebaum" anstimmte und Onkel Christian vorn die Kinder zum Lachen brachte, indem er beim Marschieren die Beine hob wie ein Hampelmann und alberner Weise „O Tantebaum" sang, zog man mit

geblendeten Augen und ein Lächeln auf dem Gesicht durch die weit geöffnete hohe Flügeltür direkt in den Himmel hinein.

Der ganze Saal, erfüllt von dem Dufte angesengter Tannenzweige, leuchtete und glitzerte von unzähligen kleinen Flammen, und das Himmelblau der Tapete mit ihren weißen Götterstatuen ließ den großen Raum noch heller erscheinen. Die Flämmchen der Kerzen, die dort hinten zwischen den dunkelrot verhängten Fenstern den gewaltigen Tannenbaum bedeckten, welcher, geschmückt mit Silberflittern und großen, weißen Lilien, einen schimmernden Engel an seiner Spitze und ein plastisches Krippen-Arrangement zu seinen Füßen, fast bis zur Decke emporragte, flimmerten in der allgemeinen Lichtflut wie ferne Sterne. Denn auf der weißgedeckten Tafel, die sich lang und breit, mit den Geschenken beladen, von den Fenstern fast bis zur Türe zog, setzte sich eine Reihe kleinerer, mit Konfekt behängter Bäume fort, die ebenfalls von brennenden Wachslichtchen erstrahlten. Und es brannten die Gasarme, die aus den Wänden hervorkamen, und es brannten die dicken Kerzen auf den vergoldeten Kandelabern in allen vier Winkeln. Große Gegenstände, Geschenke, die auf der Tafel nicht Platz hatten, standen nebeneinander auf dem Fußboden. Kleinere Tische, ebenfalls weiß gedeckt, mit Gaben belegt und mit brennenden Bäumchen geschmückt, befanden sich zu den Seiten der beiden Türen: Das waren die Bescherungen der Dienstboten und der Hausarmen.

Singend, geblendet und dem altvertrauten Raume ganz entfremdet umschritt man einmal den Saal, defilierte an der Krippe vorbei, in der ein wächsernes Jesuskind das Kreuzeszeichen zu machen schien, und blieb dann, nachdem man Blick für die einzelnen Gegenstände bekommen hatte, verstummend an seinem Platze stehen.

Hanno war vollständig verwirrt. Bald nach dem Eintritt hatten seine fieberhaft suchenden Augen das Theater erblickt … ein Theater, das, wie es dort oben auf dem Tische prangte, von so extremer Größe und Breite erschien, wie er es sich vorzustellen niemals erkühnt hatte. Aber sein Platz hatte gewechselt, er befand sich an einer der vorjährigen entgegengesetzten Stelle, und dies bewirkte, dass Hanno in seiner Verblüffung ernstlich daran zweifelte, ob dies fabelhafte Theater für ihn bestimmt sei. Hinzu kam, dass zu den Füßen der Bühne, auf dem Boden, etwas Großes, Fremdes aufgestellt war, etwas, was nicht auf seinem Wunschzettel gestanden hatte, ein Möbel, ein kommodenartiger Gegenstand … war er für ihn?

„Komm her, Kind, und sieh dir dies an", sagte die Konsulin und öffnete den Deckel. „Ich weiß, du spielst gern Choräle … Herr Pfühl wird dir die nötigen Anweisungen geben … Man muss immer treten … manchmal schwächer und manch-

mal stärker … und dann die Hände nicht aufheben, sondern immer nur so peu a peu die Finger wechseln …“

Es war ein Harmonium, ein kleines, hübsches Harmonium, braun poliert, mit Metallgriffen an beiden Seiten, bunten Tretbälgen und einem zierlichen Drehsessel. Hanno griff einen Akkord … ein sanfter Orgelklang löste sich los und ließ die Umstehenden von ihren Geschenken aufblicken … Hanno umarmte seine Großmutter, die ihn zärtlich an sich presste und ihn dann verließ, um die Danksagungen der anderen entge-

genzunehmen. Er wandte sich dem Theater zu. Das Harmonium war ein überwältigender Traum, aber er hatte doch fürs Erste noch keine Zeit, sich näher damit zu beschäftigen. Es war der Überfluss des Glückes, in dem man, undankbar gegen das Einzelne, alles nur flüchtig berührt, um erst einmal das Ganze übersehen zu lernen … Oh, ein Souffleurkasten war da, ein muschelförmiger Souffleurkasten, hinter dem breit und majestätisch in Rot und Gold der Vorhang emporrollte. Auf der Bühne war die Dekoration des letzten Fidelio-Aktes aufgestellt. Die armen

Gefangenen falteten die Hände. Don Pizarro, mit gewaltig gepufften Ärmeln, verharrte irgendwo in fürchterlicher Attitüde. Und von hinten nahte im Geschwindschritt und ganz in schwarzem Sammet der Minister, um alles zum Besten zu kehren. Es war wie im Stadt-Theater und beinahe noch schöner. In Hannes Ohren widerhallte der Jubelchor, das Finale, und er setzte sich vor das Harmonium, um ein Stückchen daraus, das er behalten, zum Erklingen zu bringen … Aber er stand wieder auf, um das Buch zur Hand zu nehmen, das erwünschte Buch der griechischen Mythologie, das ganz rot gebunden war und eine goldene Pallas Athene auf dem Deckel trug. Er aß von seinem Teller mit Konfekt, Marzipan und braunen Kuchen, musterte die kleineren Dinge, die Schreibutensilien und Schulhefte und vergaß einen Augenblick alles Übrige über einem Federhalter, an dem sich irgendwo ein winziges Glaskörnchen befand, das man nur vors Auge zu halten brauchte, um wie durch Zauberspiel eine weite Schweizerlandschaft vor sich zu sehen …
Jetzt gingen Mamsell Severin und das Folgmädchen mit Tee und Biskuits umher, und während Hanna eintauchte, fand er ein wenig Muße, von

seinem Platze aufzusehen. Man stand an der Tafel oder ging daran hin und her, plauderte und lachte, indem man einander die Geschenke zeigte und die des Anderen bewunderte. Es gab da Gegenstände aus allen Stoffen: aus Porzellan, aus Nickel, aus Silber, aus Gold, aus Holz, Seide und Tuch. Große, mit Mandeln und Sukkade symmetrisch besetzte braune Kuchen lagen abwechselnd mit massiven Marzipanbroten, die innen nass waren vor Frische, in langer Reihe auf dem Tische. Diejenigen Geschenke, die Frau Permaneder angefertigt oder dekoriert hatte, ein Arbeitsbeutel, ein Untersatz für Blattpflanzen, ein Fußkissen, waren mit großen Atlasschleifen geziert.

Dann und wann besuchte man den kleinen Johann, legte den Arm um seinen Matrosenkragen und nahm seine Geschenke mit der ironisch übertriebenen Bewunderung in Augenschein, mit der man die Herrlichkeiten der Kinder zu bestaunen pflegt. Nur Onkel Christian wusste nichts von diesem Erwachsenen-Hochmut, und seine Freude an dem Puppentheater, als er, einen Brillantring am Finger, den er von seiner Mutter beschert bekommen hatte, an Hannos

Platz vorüberschlenderte, unterschied sich gar nicht von der seines Neffen.
„Donnerwetter, das ist drollig!", sagte er, indem er den Vorhang auf und nieder zog und einen Schritt zurücktrat, um das szenische Bild zu betrachten. „Hast du dir das gewünscht? – So, das hast du dir also gewünscht", sagte er plötzlich, nachdem er eine Weile mit sonderbarem Ernst und voll unruhiger Gedanken seine Augen hatte wandern lassen. „Warum? Wie kommst du auf den Gedanken? Bist du schon mal im Theater gewesen? ... Im Fidelio? Ja, das wird gut gegeben ... Und nun willst du das nachmachen, wie? Nachahmen, selbst Opern aufführen? ... Hat es solchen Eindruck auf dich gemacht? ... Hör' mal, Kind, lass dir raten, hänge deine Gedanken nur nicht zu sehr an solche Sachen ... Theater ... und so was ... Das taugt nichts, glaube deinem Onkel. Ich habe mich auch immer viel zu sehr für diese Dinge interessiert, und darum ist auch nicht viel aus mir geworden. Ich habe große Fehler begangen, musst du wissen."

Thomas Mann

Inhaltsverzeichnis

Bilderklärungen

Cover und alle Bilder, wenn nicht nachstehend aufgeführt: Illustrationen von Ludwig Richter; S. 58/59: Stille-Nacht-Kapelle in Oberndorf, wurde 1937 im Gedenken an das Lied erbaut © mauritiusimages/ Sueddeutsche Zeitung Photo; S. 60/61: Alpen-Panorama im Salzburger Land © serkat Photography/Fotolia; S. 68/69: Winterlicher Blick auf die Staatsbrücke in Salzburg mit dem Mozartsteg im Hintergrund © sea and sun/Fotolia; S. 72/73: Alpen-Gipfelkreuz in der Abenddämmerung © christakramer/Fotolia; S. 77: Bildpostkarte aus dem Jahr 1918 zum 100jährigen Jubiläum des Weihnachtsliedes © picture alliance/akg; S. 79 oben: Eigenhändige Partitur von Franz Xaver Gruber (sog. Halleiner Fassung für 2 Soprane, Chor, Streicher, Horn und Orgel) © picture alliance/ akg; S. 80 unten: Vorweihnachtliche Winterstimmung in den Salzburger Alpen © christakramer/Fotolia; S. 82/83, 92/93: Salzburger Altstadtpanoramen zur Blauen Stunden im Winter © JFL Photography/Fotolia; S. 87: Kirchenfenster zeigt Joseph Mohr in der Stille-Nacht-Kapelle © picture alliance/APA/picturedesk.com; S. 89: Opernsänger Florian Karg als Pfarrer Joseph Mohr (l) während des Bühnenstückes „Stille Nacht" auf der Bühne des Kurhauses in Bad Hindelang (Bayern) © picture alliance/dpa; S. 95: Kirchenfenster zeigt Franz Gruber in der Stille-Nacht-Kapelle © picture alliance/APA/picturedesk.com; S. 96/97: Kapelle in der Heiligen Nacht im Schwarzwald ©

marcelheinzmann/Fotolia; S. 99: Eine Gedenktafel vor der Stille-Nacht-Kapelle zeigt den Lehrer Franz Xaver Gruber (mit Gitarre) und den Hilfspriester Joseph Mohr © picture alliance/dpa; S. 101: Opferkerzen in der Stille-Nacht-Kapelle in Oberndorf © picture alliance/ Süddeutsche Zeitung Photo; S. 103: Altarbild in der Stille-Nacht Kapelle in Oberndorf © picture alliance/ Süddeutsche Zeitung Photo; S. 105: Gesamter Altar in der Stille-Nacht Kapelle in Oberndorf © picture alliance/ Süddeutsche Zeitung Photo; S. 108/109: Lübeck-Panorama; Altstadt mit den fünf Türmen im Winter © embeki/Fotolia; S. 111: Buddenbrookhaus in Lübeck © Wolfgang Iargstorff/ Fotolia; S. 113: Typisches Naschwerk: Marzipanbrot und Marzipankartoffeln © S.H.exclusiv/Fotolia; S. 116: Holstentor in Lübeck © Thorsten Nieder/Fotolia; S. 119: Winter an der Obertrave mit Blick auf Lübeck © Johann Stubhan/Fotolia; S. 120: Lübeck mit Marienkirche und Rathaus im Winter bei Nacht © anweber/Fotolia.

Textnachweis

Thomas Mann, Weihnachten bei den Buddenbrooks, aus: Thomas Mann, Buddenbrooks. © S.Fischer Verlag, Berlin 1901. Alle Rechte vorbehalten S.Fischer Verlag GmbH, Frankfurt am Main
Klaus Sauerbeck, Joseph Mohr als Lebensretter/Stille Nacht, heilige Nacht! entsteht/Stille Nacht, heilige Nacht! erklingt zum ersten Mal/ Stille Nacht, heilige Nacht! erklingt zum ersten Mal in einer Kirche © Alle Rechte beim Autor
Werner Thuswaldner, Weihnachten in Oberndorf, aus: Werner Thuswaldner, Stille Nacht! Heilige Nacht!© Residenz Verlag GmbH Salzburg – Wien
Karl Heinrich Waggerl, Das Leben des Dichters Joseph Mohr, aus: Karl Heinrich Waggerl „Sämtliche Werke" 2.Auflage, 1997 ©Otto Müller Verlag
Karl Heinrich Waggerl, Worüber das Christkind lächeln musste, aus: Karl Heinrich Waggerl „Und es begab sich" 53. Auflage, 2016 ©Otto Müller Verlag

Wir danken allen Inhabern von Text– und Bildrechten für die Abdruckerlaubnis. Der Verlag hat sich bemüht, alle Rechteinhaber in Erfahrung zu bringen. Für zusätzliche Hinweise sind wir dankbar.